大切にしたい モノとコト

有元葉子

はじめに

「用の美」という言葉が好きです。

漆を山に採りにいくとき、職人さんが腰にくくりつけていく漆採りの容器。骨董品として古美術店で見かけます。これは美しい道具だと思います。道具の枠を越えた逸品です。うちでは物入れに、花活けに、と見てそして使って楽しんでいます。

漆の採取容器は日本ならではですが、イタリアはもっと顕著。馬車で旅の荷物を運んだ箱はテレビ台になり、パンをこねたであろう台所の作業台は食卓に。500年もの時を刻んで現代のふだんの暮らしに役立っています。古いものと新しいものが今同時に生きている、時の流れを感じながら今を過ごす。そんな暮らし方が、今やっとしっくりくるようになりました。

時代にかかわらず機能を追求した先にできてきた形は文句なしに美しいです。台所は家の中で「用の美」が一番求められる場所。献立をたてるところから洗って片付けるまで、すべてひっくるめて料理だといえます。だから台所道具は料理中の使いやすさはもちろんのこと、取り出しやすく、片付けやすい、ということも大切なポイント。その上丈夫で長く使い込んで、さらに味が出てくればいうことなしです。

使い始めてもう10年以上になるラバーゼは、用の美を目指して作りました。今ではうちの台所の主。もしなかったらすごく困るな、と台所に立つたびに思います。シンプルすぎるほどのデザインなので、見ただけでは使い勝手のよさまでなかなか想像ができません。この本では使い方の一端をご紹介していますので、お手持ちがあれば十分に活用していただきたいと思います。

好みはみなそれぞれが異なります。違うから面白いのです。自分の個性を大切にし、他の人の好みも尊重して暮らしを楽しめれば、これほどの幸せはないと思います。

目次

contents

器

暮らし 72

料理・器

おいしいものを作るのが好きです。
よい食材や調味料、
使いやすい道具にこだわるのは
「作る」ことが楽しくなるから。
美しい器やグラスや折敷で
食べて、おしゃべりして、笑う、
おいしい時間を作るのも好きです。

まんなかに、キッチンを。

キッチンが暮らしのまんなかにある。

いつでも、どこでもそうです。家族と暮らしていた時期も、ひとり暮らしになってからも、東京でも、黒姫の山の家でも、イタリアの家でも。生きることのまんなかに、食べることや料理があって、それは「一番大事なこと」として私の中で揺るぎないのです。だから住まいの中心にあるのもキッチンです。

この家もそう。都内の古いマンションを気に入ったのは、窓からの眺めがとてもよかったからでした。建物の外側が、背の高い木立の遊歩道になっていて、春や夏は木々に葉が茂り、窓の外いちめんが緑一色になる。鳥のさえずりも毎朝のことで、都心とは思えないくらい。

ここをリノベーションしました。その際に建築家にまず依頼したのが、「窓に面した、この家の〝一等地〟にキッチンを作りたい」ということ。

細かく仕切られていた部屋の、壁という壁を取り払い、すべてを躯体の状態にしました。そうして3部屋分をひと続きにしたスペースのまんなかに、どっしりとした木の大きな調理台を置きました。この調理台と、平行にあるガスレンジやシンクの間で私は料理をします。窓の外の緑を感じながら。いらした方と向き合って、おしゃべりしながら。

そう、うちにいらした方は必ず、このキッチンを通って中へ入ります。

お茶をおいしくていねいに淹れる。食事どきになれば「食べてく?」と、あるものでサッとパスタとサラダを作る。おもてなしの料理にハーブを使いたいと思えば、窓の外のベランダガーデンに摘みにいく……。

キッチンで立ちのぼる湯気や、音や匂いも、私の生きている時間の大切な一部。そういう小さなひとつひとつを愛しむことが、生活を楽しむこと。そういう時間を誰かと共有することが、人生を味わうこと。

こんな想いが、最近ますます、私の中で強くなってきました。

引き出しはざっくりと大きく

必要なのは、堅牢さ

調理台下に、浅くて長い引き出しが一段。包丁やスライサー、カトラリーはこの中に収めています。引き出しや戸棚の中を細かく仕切るマメさは、私にはありません。何をどこにしまうかさえざっくり決まっていればよくて、使ったらそこに戻すだけ、というのが一番。開けると一気に見渡せる、大きな引き出しが使いやすいのです。

道具も道具を収納するシステムも、質実剛健であることが大事。ボウルやバットは数が多いと重くなるので、耐荷重が大きくて動きのスムーズなワイヤー製の引き出しにしました。ここはオーブン(P.13)の下の戸棚で、"目線が下"になるから引き出しが有効。また、オーブンやシンクと同じ奥行きだから、奥までフルに使える引き出し式がベストです。

調理台はカウンターも兼ねて

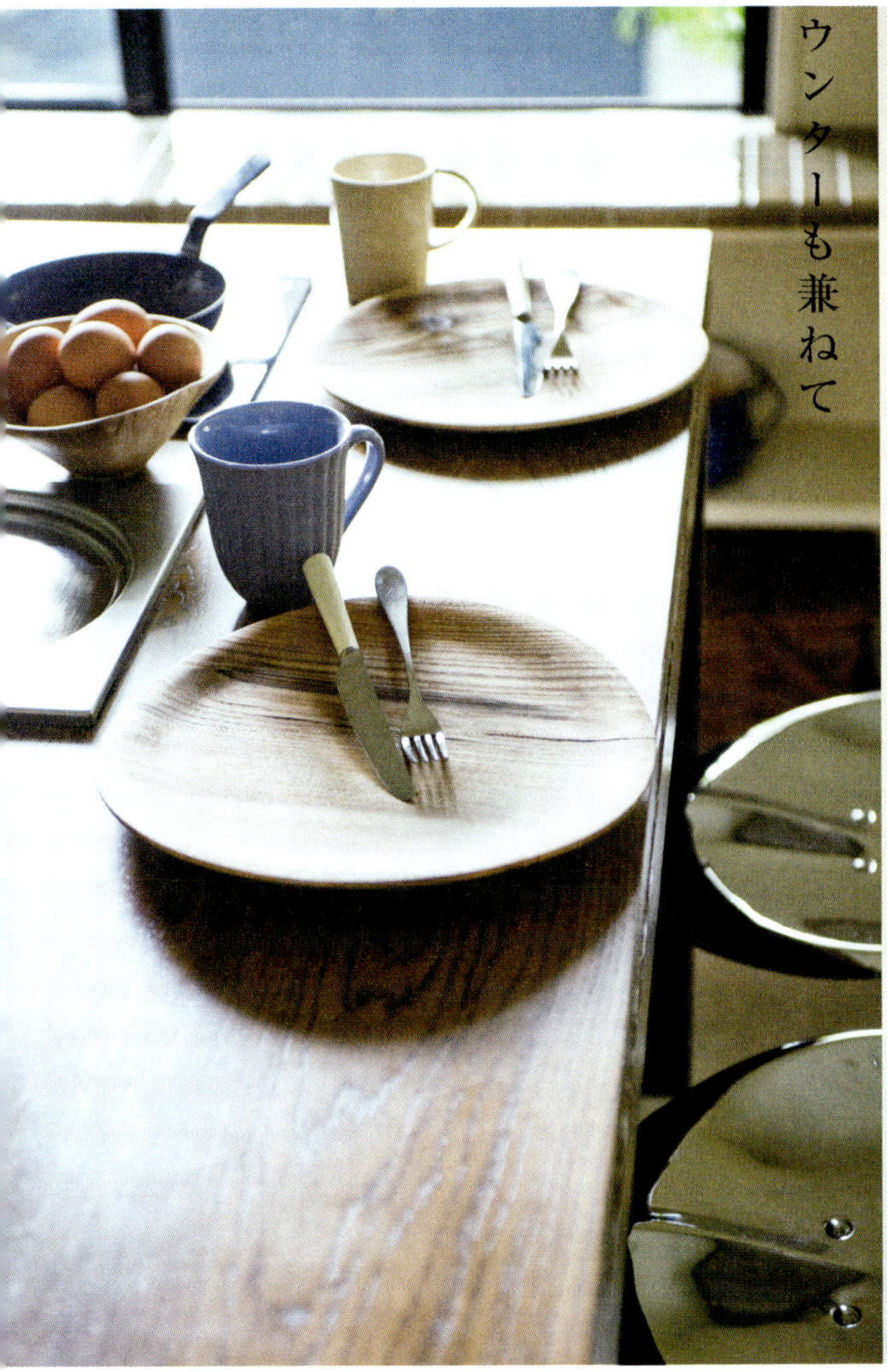

ＩＨクッキングヒーターや鉄板も組み込んだ木製の調理台は、カウンターの役目もします。向こう側に並べた椅子（本来はドラム演奏者用）に腰掛けていただいて、目の前でお肉を焼いてサーブする、なんていうこともしばしば。気のおけない人たちと、ここでお酒を飲んだりも。窓の景色を見ながら、朝食もここでいただきます。

オーブンは目線の高さに

上火が効いて、最大300℃になる電気オーブンは必需品。目線の位置にあると、焼け具合を見るたびに腰をかがめなくてすみますし、確実にオーブンを使うことが多くなります。ヨーロッパで最初にビルトインの調理機器を作ったメーカーのもので、ドイツ人気質を物語るような質実剛健さと、シンプルなデザインが気に入っています。

こういうものが欲しい、だから作った道具たち。

まずはボウルとざるでした。2001年にメーカーの方から「キッチン道具を一緒に作ってみませんか」と声をかけていただいて、真っ先に欲しかったのがボウルとざる。「使いやすいものがない」「どうしてないんだろう」と長い間、毎日思い続けていたのです。

ステンレスのボウルやざるは、縁を丸めて処理してあるものが多いですが、そこに汚れがたまりやすい。ざるも継ぎ目や、補強ワイヤーの部分に汚れがたまりがちです。網ではなく、ステンレスに穴がパンチングされたざるもあります。補強ワイヤーもないし、いいかもしれないと思って使ってみましたが、水きれがいまひとつだし、洗ったお米の粒が穴に詰まったりして……。

毎日の食事作りに真剣に取り組んでいる身としては、ストレスのない使い勝手のよい道具で料理したい。用と美を兼ね備えた道具が理想です。

新潟県燕市には、世界に誇るステンレス製造技術を持つメーカーが集まっています。そこへ足繁く通うようになりました。

デザイナーや職人さんたちと話し、モデルを作っていただいては何度も試し使いをして、改良に改良を重ね、ようやく納得のいく道具ができてきます。ボウルとざるが完成するまでに、実に丸2年かかりました。「あともうちょっと、あと1ミリ、ここの形を鋭角にして」と私のこだわる細部に、しっかり応えてくれる日本の製造業者たちの技術と熱意は本当にすばらしい。彼らとの〝もの作り〟は大変だけれど面白くて、私にも新しい発見がいっぱいです。ボウルとざるを皮切りに、水きりかご、バット、ヘラ、キッチンツール立て……これまで作った道具はどれも気に入っています。「こういうのが欲しかった」という想いは、キッチンに立つ人に共通ですものね。

台所仕事の基本、土台となるものだから、私たちの作る台所道具のシリーズは、イタリア語でベース（基本）を意味する、〝ラバーゼ〟と名付けました。〝欲しいもの〟作りはこの先もまだまだ続いていきます。

この3つのサイズがあれば事足ります。

底や縁に厚みをつけて安定感を持たせ、側面は薄く伸ばすことで軽さを出しているボウルです。こんなことができるのはプレス加工ではなくて、ステンレス板を延ばして成形するという贅沢なことをしているからです。

長年料理をする中で、家庭料理に事足りるとわかったのはこの3サイズ。ざる、ふたにもなるプレートとの組み合わせで使うとさらに便利です。

ボウル(大)φ29・3×11・8㎝、(中)φ22・4×10・3㎝、(小)φ15・9×7・2㎝　丸ざる(大)φ29・2×11・1㎝、(中)φ22・4×9・1㎝、(小)φ15・9×7・5㎝　プレート(大)φ29・4×1・9㎝、(中)φ22・9×1・8㎝、(小)φ16・3×1・7㎝／和平フレイズ〈以下A〉（ラバーゼ）、shop281〈以下B〉※サイズは外寸。

バットで料理をシステマチックに。

私にとってバットは必需品。まず、調理の前に、野菜炒めなら野菜炒めの材料をバットにまとめておきます。こうすると使い忘れもなく、材料を〝目で見る〟ことで、手順が自然に頭の中で整理されます。バットは四角いので調理台の上を効率よく使えるのも利点。角ざるとの組み合わせで持っていると、用途がさらに広がります。ふたにもなるプレートがあるとラップいらずだし、冷蔵庫の中でスタッキングできて、とても重宝します。

角バット20×24・9×4・3㎝　角ざる20・2×24・9×3・4㎝　プレート20・5×25・4×1・7㎝／A(ラバーゼ)、B　※サイズは外寸。

ボウルはこう使う

葉野菜が驚くほど長持ちします

葉野菜は洗って水気をきり、ボウル＋丸ざるに入れて、プレートでふたをして冷蔵庫へ。こうしておくと2週間ぐらいピンピンしている。驚くほどです。ボウル内に冷気が保たれるつくりだからです。

縁をしっかり持ってタネをこねる

汚れがたまりやすい巻き込みをなくし、スッと上がった縁のデザイン。これが実に持ちやすいのです。ハンバーグのタネをこねるときなど、縁をしっかり持って、力を入れてこねられます。

大根おろしの水きりに最適です

綾織りの丸ざるは、大根おろしの水きりにも具合よし。ふたをして冷蔵庫で冷やしておけます。水気をしっかりきりたいときは、ボウルの縁にざるの脚をひっかけて斜めにしておきます。

普通の鍋で蒸し物ができます

蒸し器がなくても、丸ざる＋プレートで蒸し物ができます。水を入れた鍋に丸ざるを入れて沸かし、蒸したいものをプレートにのせて、ざるの上に置きます。あとはふたをして蒸すだけ。

道具は120%使いきってこそ、そのものの価値がわかります。
使い心地をフルに味わってください。

丸ざるで
粉をふるう

縦線と横線が交差した綾織りのざるは、一般のざるでは使えない太い線材を使用。丈夫なので補強ワイヤーをつける必要がなく、補強ワイヤーがないから、粉ふるいにも向くというわけです。

だしやスープの
水きれがいい

巻き込みのないスッとした縁は、注ぎやすく、水きれもいいんです。とっただしをボウルのまま、鍋に注ぐことができて作業がスムーズ。液だれがしにくく、ボウルの外側が汚れないのも助かります。

湯せんの泡立てが
ラクにできます

大ボウルにお湯をはり、大ざるを重ね、その上に大ボウルをのせて、湯せんにかけて泡立てをします。安定感があり、間にざるをはさむことで温度が上がりすぎず、泡立てがとてもやりやすいです。

2人分のサラダも
大ボウルで

サラダはたとえ2人分でも、直径約29cmの大ボウルで作っていただきたいんです。野菜と野菜の間に空気を入れて、ふわっとあえることができるので。あえ物にも大ボウルが活躍します。

バットはこう使う

野菜をゆでたら ざる＋バットの上へ

ゆで野菜は冷水に取るより、風に当てて冷ましたほうが味がよいので、私はもっぱらこの方法。角ざるだと野菜を重ねずに並べられるので、丸ざるで冷ますより色よくシャキッと仕上がります。

アサリの砂出しに 最適です

アサリをバットに並べて、海水程度の塩水を貝の2/3まで入れ、ふたをしてひと晩冷蔵庫に。暗くて、貝が重ならないから、砂や汚れをよくはきます。このひと手間が、すっきりしたおいしさの秘訣。

耐熱容器として オーブンに入れて焼く

丈夫なステンレス製なので、下ごしらえした材料をそのままオーブンで焼けます。右の写真のカジキマグロもごらんのとおり。ローストポークチキンも同様に。このバットを私はお菓子の型としても使います。

魚や肉を 下ごしらえする

バットなら肉や魚を重ねずに並べられるので、効率よく下味つけができます。マリネするときも便利で、調味料やオイル、ハーブなどをまぶしたら、プレートでふたをしてこのまま冷蔵庫に入れておけます。

バットがなくて、どうやってお料理するの？ と思ってしまうほど、
うちでは必需品。冷蔵庫の中でもオーブンの中でも活躍します。

豆腐の水きりに うってつけ

プレートの縁を下にしてかぶせれば、高さのある豆腐でも切らなくて1丁が入ります。この状態で冷蔵庫へ入れておけば、冷たさを保ちつつ水きりができて、夏場も傷みにくくて安心。

魚や鶏肉に塩で下味 ＆余分な水分を落とす

下味の塩をふるときはバット＋角ざるの上で。ざるは素材との接着面が少ないし、素材の下にも空気が入るので、塩が効率よく浸透します。素材から出る余分な水気が下に落ちてくれるのもいい。

角ざるはお菓子の型にも クーラー代わりにも

角ざるも丈夫なのでお菓子の型に◎。オーブンペーパーを敷き、ケーキのタネを流してオーブンへ。焼き上がったら、そのまま置けばよし。ざるなので型とケーキクーラーを兼ねてくれるわけです。

生の餃子も くっつきません

餃子は前もって包んでおいて、あとは焼くだけにしておきたいもの。バット＋角ざるの上に並べると、接着面が少ないので打ち粉をしなくても皮がくっつきません。プレートでふたをして冷蔵庫へ。

使うほどに愛着のわく道具であること。

包丁の材質も今はいろいろで、家で研ぎにくいものも多々あります。切れ味のよさは料理のできばえに直結します。自分で研げて、研ぎやすくて、一生の相棒のように、ずっと使い続けられる包丁が欲しい――。そう思ったのが、私が包丁作りに取り組んだきっかけでした。

このラバーゼの包丁のシリーズは、新潟県燕市にある藤寅工業が作っています。包丁ひと筋の藤寅工業は国内外のプロ用包丁をメインに製造していて、材質へのこだわりや技術の高さに定評があります。それに加え、工場へ行くと、いつも隅々まで掃除が行き届いていて、掃除道具の置き場までピシッときれいに整理されていることに私は感動しました。「こういう会社だったら、確かなものを作ってくれる」と確信を持ちました。

家庭用の包丁もプロ用を模しているため、実は女性の手には大きすぎるものが多いのだとか。そこで、「日本女性の手にしっくりなじむサイズで、プロ用に劣らぬ最高レベルの包丁を作りましょう」というところを私たちは目指しました。完成までに丸2年。私が使ってみるだけでなく、いろいろな試作品をスタジオに置いておくのです。すると、スタッフが自然に手を伸ばす包丁があるんですね、使いやすくて。そんな実験もたびたび繰り返して、ようやく8種類の型ができました。

基本の包丁である三徳包丁と、小ぶりなペティナイフは、包丁作りの中でも高度な技術とされる〝三層割込〟の製法をとりました。最高品質のコバルト合金を鋭角に仕上げて芯材とし、その硬いコバルト合金を、軟らかくて研ぎやすいステンレスでサンドすることで、〝切れ味の保ち〟をよくする――。家庭用の包丁で、ここまでこだわって作られたものは今までなかったそうです。

8種類の包丁はいずれも、長年の経験の中で「ここがこうだったらいいな」「こういうナイフがあればいいのに」と私が必要と感じた姿形。イタリアのオリーブの木の柄も美しく、握りやすく丈夫で、使い込むほどにいい感じになってくれる、まさに愛着のわく包丁たちです。

右から、サーモンや刺身の薄切りに最適の「スライサー」。基本の「三徳包丁」。柄と刃の段差で指がまな板に当たらない「パン切り包丁」。かつらむきなどの和食に欠かせない「薄刃」。にんにくのみじん切りから鯵の３枚おろしまでＯＫの「ペティナイフ」。これ１本で肉から野菜まで切れる、文字どおり便利な「ユーティリティーナイフ」。よくしなってバターが塗りやすく、野菜や果実もカットできる「ブレックファストナイフ」。セロリの筋取りなどに便利な「ピーリングナイフ」／Ａ（ラバーゼ）、Ｂ

欲しかった
水切りかごの理想型。

水切りかごの水が、シンクに自然に流れ落ちてくれればいいのに……。誰だって、そう思いませんか？

水あかがたまるから余分なワイヤーはいらないし、お皿がワイヤーの間に立てて入れられればたくさん入る。箸もカトラリーもスポンジも置ける横長のポケットがあると便利。出しっぱなしにしておきたいので、すっきりときれいなデザインで……。と、リクエストをたくさん出し、メーカーの人たちと作った水切りかごです。水の流れやすい傾斜の角度など、試行錯誤しました。一日に1回、台所仕事の終わりに、ふきんでサッと拭きます。縦置き、横置きなど5型作りました。

ステンレス水切りかご　＊写真は縦置き
(大)45・2×31×14㎝　横置き(大)45×31×14㎝
／A(ラバーゼ)、B

ありそうでなかったツールスタンド。

キッチンツールも、カトラリーも箸も、立てて収納するのが一番たくさん入って、出し入れしやすい——。いろいろと試してきた結論です。だから、シンプルな筒型の容れものを探していました。陶器だと倒れて割れる心配があるから、丈夫で清潔なステンレス製がいい。網じゃくしなども入る大きさで、倒れにくいように底におもりが入っているといいわね、なんて思って、探しに探したのですが……ないんです、どこにも、そういうものは。

メーカーと一緒に作ってみて、世の中にない理由がわかりました。作るのが、とても難しいのです。戸棚から出して、そのまま食卓に出せる見た目でも、このツールスタンドには満足しています。

ステンレスツールスタンド(大)φ11×19㎝、(中)φ9×15㎝、(小)φ7・5×9・5㎝／A(ラバーゼ)、B

ストレスのいっさいない粉ふるいが完成しました。

以前に買った粉ふるいが、とてもよかったのですが、使いすぎてベコベコに。今はどこにも売っていないので、「どうせなら前のもの以上にいいものを」と、メーカーと一緒に作ることにしました。

大きすぎず、小さすぎない、使いやすいサイズです。本体はステンレスの一枚板で形成しているので、粉のたまりやすい継ぎ目がありません。丸みのあるふた全体が目の細かい網になっていて、魚やエビに粉をふるとき、ふりたいところに、ひとふりで均一にとても細かくふれます。粉を使いすぎません。

ふたは回すだけで本体の溝にぴちっと止まる仕様。ストレスのない使い心地にこだわったので試作試用で3年かかり、ようやく完成です。

粉ふるいφ5・5×9・5㎝／A（ラバーゼ）、B

揚げ物が嫌にならない揚げ鍋が欲しくて。

この鍋、驚くほど油はねが少ないのです。油はね防止ネットがついていることに加えて、鍋の形状も油はねがしにくい形にできています。

専用の揚げかごは、鍋の持ち手に引っかけられる設計。だから一気に油がきれ、二度揚げもラクです。大きな唐揚げやメンチを、途中で油から上げて向きを変えたり、かごの上で休ませてから再び油に入れる二度揚げで、火の通りにくい中のほうまでしっかりカラッと揚げることができます。トンカツも裏表なくきれいに揚がります。

鍋の外側も汚れにくいし、この鍋のよいところは本当に数えきれません。揚げ物のストレスを解消したのが、この鍋です。

鉄の揚げ鍋3点セット(小)φ22×14×8・7cm、(大)φ28×16・4×9・4cm／A(ラバーゼ)、B

水、お茶、料理をおいしくしてくれる銅器。

この湯沸かしやティーポット、金属なのに木や布のような温かみがあると感じませんか?

新潟県燕市の玉川堂の鎚《つい》起《き》銅《どう》器《き》と出会ったとき、その美しさにひと目で惚れ込んでしまい、湯沸かしを作っていただくことに。

創業約200年の玉川堂は、お店も、その奥にある鍛金場もとてもすばらしく、訪れて製造工程を見せていただくこともあります。鎚起銅器は銅板を叩いて伸ばすのではなく、平らな銅板を木槌や金槌で叩きながら縮めていって、立体的な形にしていきます。銅を縮めるのも丸めるのも職人の勘ひとつ。完全な手仕事なので、湯沸かしひとつ作るのに約1週間かかるそうです。

好みの形にでき上がってきた私の湯沸かしは、鈍く光る黄金色。内側はすずメッキなので錆が出にくく、使い込むうちに表側も内側も渋い色に変化していきます。湯沸かしも、その後に作っていただいたティーポットも、注ぎ口の水きれのよさが抜群。また、銅は鉄の5倍、ステンレスの25倍程度の熱伝導のよさがあり、熱がじんわりとまんべんなく伝わるので水やお茶がおいしい。一度温まるといつまでも冷めにくい利点もあります。

そして、なんといっても驚かされたのが、普通に水を湯沸かしに入れておくだけで、水がまろやかでおいしく感じられること。玉川堂七代目に聞いたところ、銅のイオンの影響で水もお酒もおいしくなるといわれていて、玉川堂のある地域では昔から、井戸水を銅の水さしに移して使っていたのだそう。

すっかり鎚起銅器に魅せられた私は、ひとり用の小さな急須や茶筒、両手鍋（野菜炒めも煮物も、これで作るとひと味違います）なども作っていただきました。「同じものが欲しい」というまわりの声が多くなり、商品化もされています。毎日使うと、ふだんの暮らしが豊かになる。そう実感させてくれる一生ものの道具です。

(左)湯沸かし19×15・5×22㎝（つる立て時） ティーポット23×13×12・5㎝ (上)両手鍋／玉川堂(有元葉子セレクション)、B

〝替えのきかない〟愛用の道具たち。

メーカーと共同開発をしたのが「ラバーゼ」のシリーズですが、市販品で、とても使いやすくて「これで十分」と満足している道具も、もちろんたくさんあります。

たとえば京都の有次のものは、銅鍋も大好きでたくさん持っていますが、あく取りや骨抜き、抜き型のような小さなものもすばらしい。よそで売っているのとは、使い心地がまるで違います。「ストレスがないのはどうしてだろう」と使いながら考えてしまうくらい。

同じく京都の市原平兵衞商店の菜箸や盛り付け箸も、持ちやすく、つまみやすく、長年使っていても、反ったりゆがんだりしません。竹を斜めに削った菜箸の端の部分も、ゆずこしょうを瓶からすくい取ったりするのにとても便利。ほかに替えのきかない大切な道具です。

バーミックスやクイジナートとは、もう30年以上という長い付き合いです。電化製品でも長持ちしているのは、信頼できるメーカーのもので、つくりのしっかりとした、なるべく余計な機能のついていない、シンプルな道具を選んでいるせいだと思います。

好奇心旺盛なので、新しい道具も積極的に試してみます。一度使ってすぐ処分するものも結構ありますが、手が疲れない大根おろし器など、人にもおすすめしたいほど機能的な道具とも出会いました。

いずれにしても、私のところに残っていて、これからもずっと使い続けるであろう道具には、特徴があるようです。それは〝単機能〟であるということ。「ひとつでなんでもできる」とうたわれている道具は、なんでもできるかもしれないけれど、結果がどれも中途半端だったりする。それよりも「野菜の薄切りならこれ」「こしょうを香り高く挽くならこれ」「ごまをすりつぶすならこれ」と、ひとつの仕事を完璧にこなせる道具が好きです。

見た目がすっきりときれいなことも、大事かもしれません。でも〝用の美〟という言葉のとおり、用いやすい道具はおのずと美しいもの。だからデザインで選ぶということはなくて、あくまでも使いやすさなのです。

Cuisinart
DLC-8PLUS II
ON
GAGGENAU

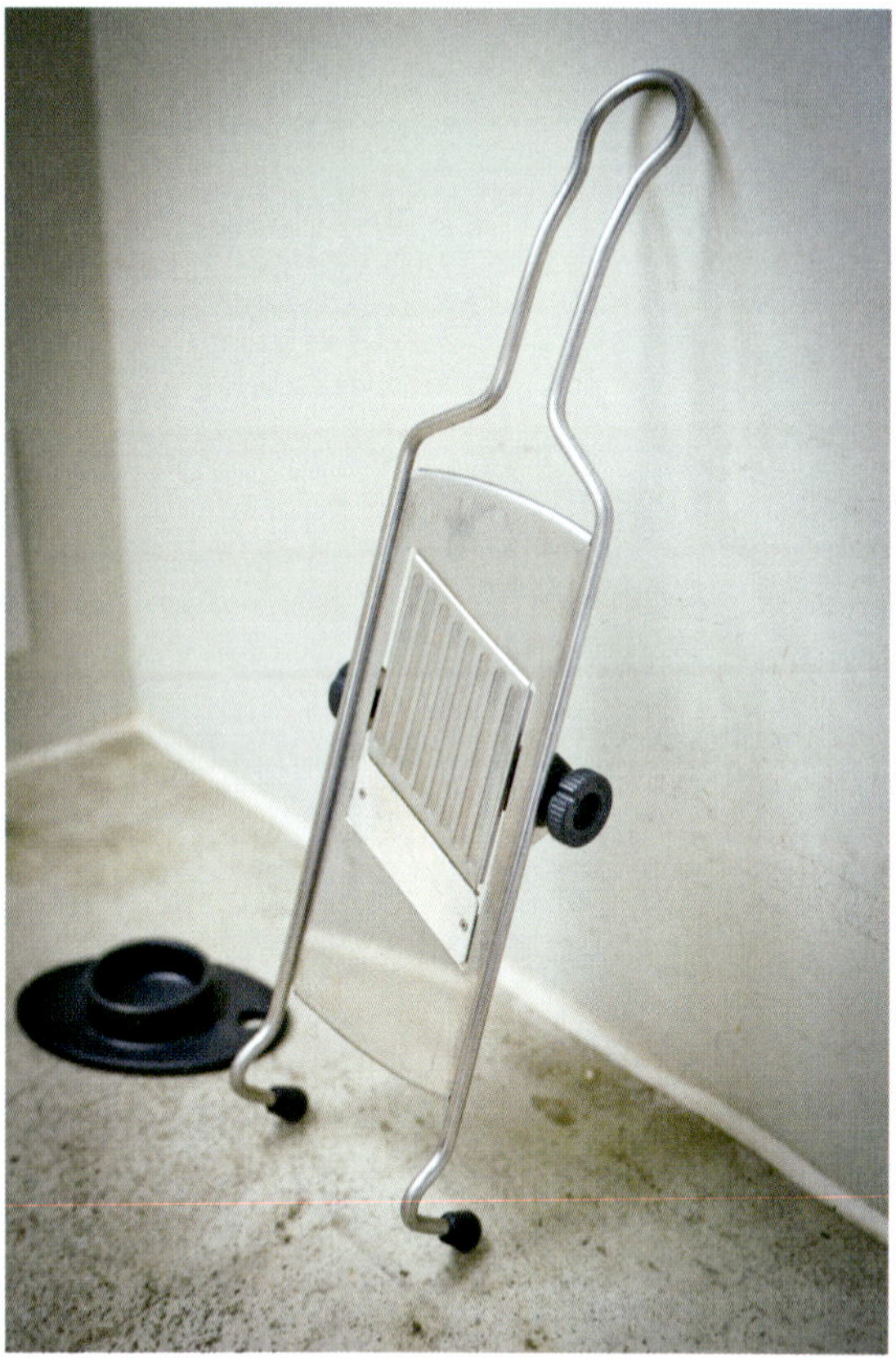

野菜の〝ごく薄切り〟の必需品。

ドイツ・レズレー(ROSLE)社のステンレス製アジャスタブルスライサーは、ボウルの縁にひっかけられて安定感がよく、たくさんの野菜もスピーディーに切れます。野菜をスライスしながらボウルに落とし、調味料を加えれば、すぐにサラダやあえ物ができます。0.4mmごとに11段階の厚さ調節が可能で、ダイヤル1は野菜が透けるほどの薄さ。お正月のなますや、初夏に作る新生姜の甘酢漬けなど、これ以上は無理という薄さにしたいときにも欠かせません。／サンテミリオン

30年以上の付き合いです。

バーミックスが最初に日本に入ってきたときからなので、30年以上使っています。野菜を煮た鍋の中に直接入れて、ポタージュやピュレが作れるのでとてもラク。直径7cm以上の口径なら瓶にでも缶にでも入れられるのが魅力で、広口の瓶にザク切りの玉ねぎ、にんにく、オイル、酢、塩、黒粒こしょうを入れて、バーミックスで攪拌して作る玉ねぎドレッシングは我が家の定番です。作った瓶にふたをして、そのまま冷蔵庫で保存できるのもいいんです。／チェリーテラス

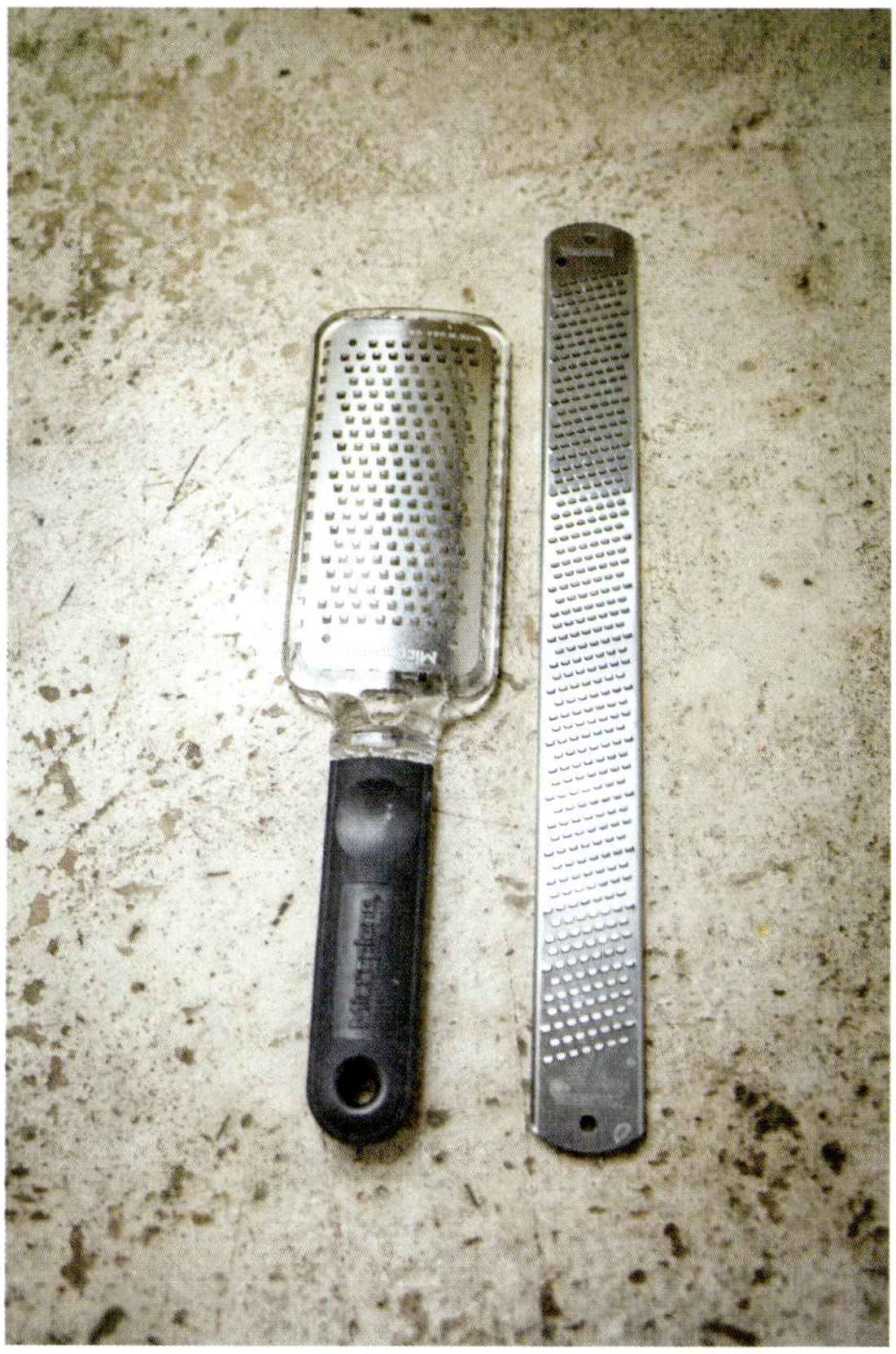

レモンの皮を粉状に削れます。

お料理の仕上げにレモンやゆずの皮をパッと散らしたいとき、私が使うのはマイクロプレイン社のグレーター。引き出しにも入るようにデザインされた、持ち手のない棒状のおろし金で、とても細かく削れます。レモンの表面の黄色いところだけを、粉のような細かさにできます。この会社はアメリカの大工道具メーカーで、これの原型は大工道具のやすりと聞いて納得でした。クラシックシリーズ／IKESHO　左は海外で見つけた同じ社のもので、やや目が粗いタイプ。

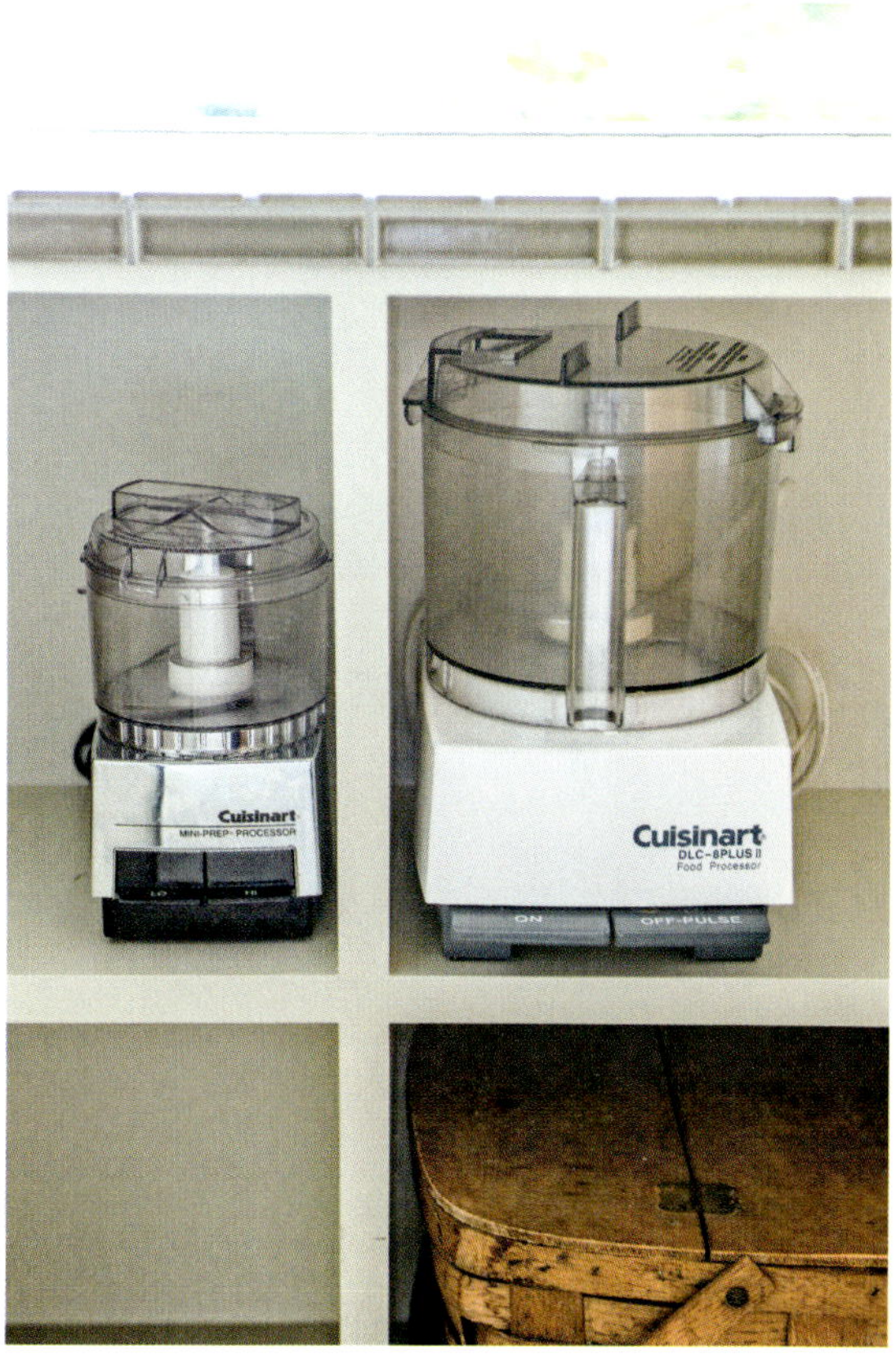

みじん切りもクイジナートで。

クイジナート社のフードプロセッサーとも、30年ほどのお付き合い。刃がすばらしくよく切れて、玉ねぎのみじん切りがあっという間にできます。フレッシュハーブのグリーンソースを作るときも、パンやクッキーの生地作りにも、肉をひき肉にするときにも使います。にんにく1かけのみじん切りや、イタリアンパセリを粗みじんにするときは、小さなサイズが重宝。包丁では切りにくい、たくあんやザーサイのみじん切りもこれならラクです。／コンエアージャパン

昔々に買ったコベンスタイル。

昔、赤坂のホテルのアーケードにダンスクのお店があって、好きで通っていました。そこで買ったコベンスタイルの両手鍋は、浅いキャセロールと普通の深さ、口径の同じふたつの鍋を重ねたデザイン。持ち手まで琺瑯《ほうろう》加工の琺瑯用鋼板でできているので、オーブンに入れられるのが魅力です。持ち手がクロスになっているふたは、鍋敷きとしても使えるもの。コベンスタイルは復刻版もあるけれど（キャセロールはないようです）、昔のもののほうがなぜか腑に落ちる形です。

〝挽き立て〟の香りと辛みを。

イギリスのコールアンドメイソン（COLE & MASON）のペッパーミルで挽くと、香りの高さがまるで違います。一般のミルが「すりつぶす」感覚なのに対して、これは非常に細かいギザギザのあるカーボンスチール製の刃で「切る」ように挽く。だから、香りのよさが際立つようです。粗挽きから細挽きまで6段階に調節可能。コニストン／フィスラージャパン　左の唐辛子挽きはイタリアの荒物屋さんで買ったもの。ぽってりとした形が可愛らしくて気に入っています。

すり鉢のお気に入り。

ごまだれ、酢みそ、白あえ、あえ物に欠かせないすり鉢。福岡の太田熊雄窯のすり鉢は、初代を落として割ってしまい、これは二代目。口が広がっていて、深めのこの形がとても使いやすいのです。釉薬があまり波打っていないのも私の好みで、ごまを香りよくすって、野菜とあえて、このまま食卓に出したりも。大きいすり鉢でゴリゴリすると、なんだかとても安心できます。大は小を兼ねるよう。山椒のすりこ木は丈夫なので、50年ぐらい使っています。／太田熊雄窯

オイルを上手に使うために。

ステンレス製のモダンなオイルディスペンサーは、イタリアの見本市で見つけたもの。注ぎ口のキレがよく、少量ずつ出るので、鍋に引いたり、素材に回しかけたりするのにとても便利です。調理中に使うのはこちらです。ガラス製のディスペンサーは卓上用。オイルは光に当たると劣化するので、使う分だけを入れます。そしてオイルの色も楽しみながら1回で使いきり、きれいに洗って、また次に使うようにしています。オイルディスペンサー（2つとも）／B

絶妙なあく取り。

使って初めてよさのわかる道具があります。京都・有次で何気なく買った、あく取りもそう。鍋の中のあちらこちらに浮いてくるあくを自在にすくい取れるのは、柄が丸くて、手の中でくるくると向きが変えられるから。そして縁のつくりがすくいよさの理由。鍋の縁についたあくをすくいやすいように、微妙なカーブがついているのです。こういう小さな道具も、有次のものは使い手に力がいらないように、細かいところまで神経が行き届いていると感心しきりです。／C

この抜き型が好きです。

左は昔から愛用しているフランスの抜き型。大きさ違いの円形で、周囲が細かい波状になっていて可愛らしい。クッキーやスコーンなどによく使います。長方形の缶にまとめているのは、京都・有次の抜き型。内側が真鍮でできていて、全部手作りです。刃の切れ味がすばらしく、とても抜きやすいのです。ほんの少しテーパードがかかっているのでしょうか、お節用に梅型で次々にたくさん抜くようなときに、型の上から抜けたものが自然にこぼれ出てくれます。／有次〈以下C〉

落としぶたは必需品。

ちゃんとした和食を作るときは、やっぱり日本の鍋を使いたいもの。有次の銅鍋を長年愛用していて、鍋の大きさに合わせて必ず木の落としぶたも揃えています。鍋の中で豆が躍って崩れないように、落としぶたでやさしく押さえながら煮たり、煮物に少ない煮汁で味を含ませたりするときに欠かせない道具です。使ったら、水とたわしでゴシゴシと洗い、日陰で乾かすだけのお手入れですが、30～40年使って煮汁が染みた色になっているものも、匂いはついていません。／C

日本の技術の極みです。

有次の骨抜き(関東型)があまりによいので、スタッフ数人で魚の下処理をするときには争奪戦になるほど。骨抜き、毛抜き、とげ抜きは、高度な技術を持つ日本の職人が作るものが最高です。この骨抜きはしなやかなバネ性を持ち、軽い力で握ることができるので手が疲れません。そして、挟み口が、わずかな光も通さないほどにピタッと見事に合うんです。だから大きな骨も力を入れずに抜けるし、細かい小骨も簡単に取れて、柔らかい魚の身も崩さずにすみます。／C

菜箸は、京都・市原のもの一筋。

菜箸類は、京都の箸専門店・市原のものを。イタリアの家にも置いています。機械で削った箸は使ううちに反ったりゆがんだりしますが、熟年の職人が削って作る市原の箸は、長年使い込んでもまっすぐな端正な姿。先端が細くて華奢に見える盛り付け箸も、しなやかな竹製なので丈夫で軽く使いやすいのです。右から揚げ物箸（小・大）、菜箸（33cm、26cm）、焼き物箸（東南アジア産の熱に強い木を使用）、京風盛り付け箸（33cm、28cm、23cm）／市原平兵衛商店、B

皮がパリパリに焼けます。

魚焼き網のいいのがないのよねぇ……と話していたら、ラバーゼの担当の方がこれを持ってきてくれました。業務用の道具を作る新潟県燕市の会社の製品です。三角形の凸凹が連なる底板の、この形状と素材が熱伝導に優れているらしく、魚でも鶏でも皮がパリパリにおいしく焼けます。網の間に箸が入るのでラクにひっくり返せて、底板のサイドに穴が開いているので脂がガス台に落ちにくい点も優秀です。網を外して、ゴシゴシと洗えます。焼き上手(kan)／カンダ

秋田杉のおひつが好きです。

炊きたてのごはんをおひつに移すと、余分な水分をおひつが吸ってくれる。ごはんはそれでようやく、理想的な食感になります。だから木のおひつは必需品。高価な炊飯器を買うよりも、おひつを持ったほうがいいというのが私の考えです。箍《たが》まで自然素材のものが欲しくて探したのが、創業1846年の樽富かまたの天然秋田杉のおひつ。杉のさわやかな香りが好きです。箍は竹を編んで作られていてやさしい風情。乾かすときは逆さにすると箍がはずれにくいです。／樽富かまた

大根おろし好きの救世主。

アーチ形の削り面、斜めの角度、それにステンレスの刃にも秘密があるのでしょうか。とにかく力を入れずに大根おろしがおろせます。底のすべり止めもきいて、今までの苦労は何だったのか……という感じ。サッと水で流すだけできれいになるし、本当にストレスがないですよ、このおろし器は。ものを見る目に定評のあるスタイリストの高橋みどりさんのおすすめです。「絶対にいいはず」と思って買ったら本当に大正解でした。ザ・おろし／新考社

ふきんを使う、そのことを楽しむ。

スタジオで使っているふきんは、綿100%、白一色の「和太布」。ガラ紡という日本独自の紡績方法で織られたもので、とてもざっくりとしていて、糸はよりが甘く、太さもまちまち。だから布にでこぼこやうねりがあって、吸水性が抜群です。

いつも真っ白に洗い上げて（白なので漂白も簡単）ぴちっと折りたたみ、ワイヤーかごにたっぷり用意しておきます。傍らにこのふきんの層があることで、安心して料理ができるところもあるかもしれません。びしょびしょになったふきんを、いつまでも使っているようでは、おいしいものは作れない気がします。

数人、あるいは大人数で立ち働くスタジオでは、機能性や合理性が優先されます。器でいえば、シンプルな色や形が多いです。一方、私ひとりの自宅で使う器は、父から譲り受けた古い和食器や、欠けやすいもの、時には花柄のティーカップ……実にさまざまです。

ふきんもそうで、自宅では柄ものだったり、織り模様があったり、アンティークだったり。日本の手ぬぐいも使い勝手がよくて気に入っています。いろいろな中から1枚を抜き取って、使い心地を楽しんでいる感じです。きっと、ふきんというもの自体が好きなのでしょうね。

旅先でも、目につくと自然に手が伸びていて。イギリスのアンティーク店で、使い込まれた風合いに惹かれて、穴があいたふきんを買い求めることもたびたびです。

色柄、国籍（?）、年代の区別なく、ふきんはコットンとリネンの素材別に分けて、大きなかごに収めています。そのかご自体はキッチンの棚が指定席。質のいいリネン100%のふきんはグラス類を拭くときに。コットンもリネンも水を通すごとに柔らかな風合いになり、使いやすくなります。くたびれたリネンのエプロンを切って、大判のふきんにリユースすることもあります。

いずれのふきんもボロボロになるまで使い続けて、やがて雑巾になるまで、使いきると思います。

和太布ふきん34×35㎝／朝光テープ、B

watafu

cotton

reuse

linen

天然木のボードと木箱の薄い木のふた。

ただの木の板が、なんだか好きなんです。なかには350年前のオリーブの木のボードなんていうのもあるけれど、木工用の端板とか、お菓子やそうめんの木箱のふたとか、せっせと集めています。

厚みのある板はカナッペなどをのせる器としても使います。薄手の小さな木の板は、ねぎなどの匂いのあるものを切ったり、お弁当の少量のおかずを作るときのまな板としても便利。

ほかにも、料理を鍋ごと冷蔵庫へ入れて冷やすときに、鍋敷きではかさばるのでボードを敷いたり。ピザをオーブンに入れるときにも、薄い板からすべらせるようにします。

本当に使い道が多いので、ボードや板はいくらだって欲しいのです。私にとっては宝物の板きれです。

私なりの空き瓶ルール。

空き瓶はなくては困る道具です。プラスティックの容器だと、洗っても匂いがなかなか取れないので、ガラスの瓶に限るのです。市販の保存瓶では、赤いふたのアルコロックのジャムジャーが好きで昔から使っていますが、保存食などが入っていた瓶も、使えるものはとっておきます。でも、どんな瓶でもいいというわけではありません。

第一に透明のガラスであること。中が見えなければ用をなしません。第二に広口でストンとした形であること。出し入れしやすく、洗えることが条件です。第三にシールなどがきれいにはがれること。

空き瓶は使ったらよく洗い、よく乾かして、ふたを開けた状態でかごに入れて保管しています。ふたについた匂いが取れなくなれば、すぐに処分します。

絶対に欠かさないこと――1

おいしいだしをとる。

おいしいだしがあれば、薬味だけをパッと散らした具のないうどんも、満足感のある一食になります。おなかを満たすだけでなく、食事は「ああ、幸せ」と心も満たしてくれるもの。そんな〝食べ物の力〟をことさら強く感じさせてくれるのが、おいしいだしです。

だしは自分でとるに限ります。私が常にとる和食のだしは2種類で、ひとつは昆布とかつお節のだし。

昆布は長いままの利尻昆布を取り寄せて、必要に応じて切って使います。かつお節はだしをとる日に、朝削ったばかりを築地から送ってもらっています。かつお節はすぐに風味が飛んでしまうので、削りたてが届いたら、その日のうちに全量を使ってだしをたっぷりとり、そのときに使う以外は冷凍保存しています。

だし10カップ分なら、水12カップ、昆布15cm、かつお節１００g。前の晩から冷蔵庫で昆布を水に浸しておき、昆布が十分に広がったら弱めの火にかけて、煮立つ直前に昆布を引き上げます。沸騰寸前に火を止め、すぐにかつお節を入れて7〜10分おいてから、硬く絞ったさらしのふきんをざるに敷いてこします。かつお節の雑味が出てしまうので、ふきんを絞るのは禁物。さらしにかつお節を包んでそのままおき、自然にだしが落ちるのを待ちます。S字フックで、包んださらしを吊るしておいても。このだしは汁物はもちろん、煮物、ご飯物など、あらゆる料理に使えます。

もうひとつ、私が常にとるのが煮干しのだしです。味噌汁、うどんのつゆ、大根を煮るときなどには煮干しだしがおいしい。だし5カップ分なら、水5カップ、煮干し90gが目安。煮干しは頭の中と身の黒いわたを取り除きます。身はふたつに裂いて、頭と一緒に水に浸け、冷蔵庫にひと晩おく。これをこして、煮干しを取り出して使うのです。水出ししただけの煮干しだしは、甘みがあってすっきりとした上品なおいしさ。ぜひお試しください。

利尻昆布／奥井海生堂　かつお節／築地魚河岸やっちゃば倶楽部
煮干しは紀ノ國屋で瀬戸内産のものを購入

包丁は研ぐものです。

切れない包丁では、おいしい料理は作れません。細いものは細く、薄いものは薄く、形が揃っていたり、きれいに面取りしてあったり……。日本の料理は見た目の美しさがとても大切。料理屋さんだけでなく、家庭料理もそうです。ただのお芋の煮ころがしも、きれいに切り揃えたしょうがの細切りを天盛りにして、一品に仕上げたい。それが日本人の美意識なんですよね。

さらにいえば、見た目の美しさは味に直結します。切れない包丁で切った大根の薄切りは断面がざらざらですが、よく切れる包丁で切った断面はなめらかでしょう。この差は大きいんです。口当たりや歯ざわりも「おいしさ」のうちと数える日本人にとって、包丁の切れ味はまさに「味」に結びついているのです。

「切れ味が悪くなったな」と感じたら砥石を出して包丁を研ぐことを、私は30年ぐらい前から続けています。それまでは包丁研ぎのおじさんが定期的にやってきて、うちじゅうの包丁を家の外で研いでくれました（ひと昔前の日本でよく見られた光景です）。そのおじさんが亡くなってしまったので、自分で研ぐしかないと思って、見よう見まねで研ぎ始めたわけです。

最初はうまくいきませんでした。逆に切れなくなってめげたことも。でも、そこでやめるか、あきらめずに続けるか、なんです。私はあきらめずに、自分なりに包丁研ぎを続けてきたので、それで研げるようになりました。今はDVDなども出ていますから、そうしたものも参考にして、包丁研ぎを習得するのもいいと思います。

ひとつ気をつけていただきたいのは、刃の材質によって、最近は自分では研ぎにくい包丁もあること（単一素材の包丁は研ぎにくいようです）。鋼状の芯材をステンレスではさんだ三層割込の包丁なら研ぎやすく、刃先がギザギザでないものならば、自分で研ぐことができます。自分で研いで、切れ味のよくなった包丁でお料理をするのは気持ちがいいです。誰に自慢もできないけれど、ちょっと得意な気分になれます。

よい調味料とはどんなものでしょう？

　元気の秘訣を聞かれたら、「よく眠ること。そしてよいものを食べること」といつも答えています。毎日8時間の睡眠をとって、すっきりと目覚めた朝には、朝ごはんをおいしくいただきます。

　朝食にはいくつかのパターンがあって、茨城県の筑波山麓で自然農園を営む、田中農園さんの野菜ボックスが届くと、新鮮な野菜とパンの朝ごはんです。泥つきの状態で届いたりもする野菜は、にんじんでもラディッシュでもただ洗うだけで、皮もむかずに丸ごと器へ。オリーブオイルと塩をつけ、ナイフで切りながら食べるのです。

　こんなふうに、私のふだんの食事はごくごくシンプル。昼食も夕食も、ますますシンプルになってきました。野菜なら蒸すだけとか、ゆでただけとか。お肉や魚なら、ただ網で焼いただけとか。そういうものにオイルと醬油をかけたり、調味料を合わせたたれをつけて食べたり。ですから、調味料はよいものでなければ困ります。

　よい調味料とはどんなものでしょう？　醬油なら醬油、味噌なら味噌、お酢ならお酢そのものの香りと味がするのが、私にとっての「ちゃんとした調味料」です。今はだし入りだったり、柑橘の風味がついていたり、いろいろに加工された調味料が出回っていますが、醬油なら純粋に醬油の味がしてほしい。過剰な味つけがされていると、私は自分の料理が作れません。

　よい調味料は昔ながらの製法で作られています。塩は海から採り、日光や風に当てて結晶化させて作る。醬油は大豆、お酢は米を原料とし、自然界の菌の力と人の手間と時間をかけて、じっくりと発酵させて造る。

　オリーブオイルやメープルシロップも、「自然の恵みをいただく」気持ちで、人が手間をかけて作ったピュアなものが好きです。毎日の食事に欠かせません。

　醬油や味噌といった発酵調味料は腸の働きを整えてくれますし、良質なオリーブオイルは抗酸化作用のあるポリフェノール値がきわめて高いのです。よい調味料とは、味がいいだけでなく、健康にもいい食品です。

MARFUGA
D.O.P. UMBRIA
米酢
千鳥酢
シブヤの味噌
品質本位
特撰
NET 500g
生の香
林合名会社
ごま油
一番しぼり
薬膳
ソース
Fruits de Mer

この上なくおいしいオリーブオイルとの出会い。

イタリアの家の近所で買ったオリーブオイル。とてもおいしくて、瓶の裏の住所を見たら「あら、近いじゃない」。製造元を訪ねたのは15〜16年前のことです。

当時のマルフーガ社は山の中腹にある、村の普通の一軒家。家族経営で、お父さんが大変な話し好きで、情熱をもってオリーブオイルづくりをしているから、話が2時間も3時間も止まりません（それも毎度のことです）。

ウンブリア州特産のモライオーロというオリーブは、世界一おいしいとされる品種です。しかも、この地域の斜面で採れるものがベスト——と畑限定でいわれたりする。単品種のオイルもあれば、数種類をブレンドしたりもして、オリーブオイルってワインみたいです。

自分が使うために購入していたオリーブオイルを、欲しいという人がまわりに増えていきました。私のところで扱う量が増えていくと同時に、マルフーガ社はいろいろな賞を毎年総ざらいに獲るようになって、欧米でつとに知られるように。マルフーガのお父さんは「一緒に大きくなったね」といつも言っています。

私は毎年、搾油時期にマルフーガ社へ行き、搾りたてを味見して、買うタンクを決めます。その後に検査にまわるのですが、どうやら、いつも私の選んだタンクのオイルが一番、ポリフェノール値などがいいらしい。山の野草の香りがあり、スパイシーで、あとから自然の甘みがじんわりと感じられるのが特徴です。

ほかの植物油は加熱した種子から搾るけれど、オリーブオイルは生のオリーブの実を搾ります。油というよりもジュースです。「抗酸化作用があって健康によし」と主治医がオリーブオイルを絶賛していることもあって、野菜にかけて食べたりすることはもちろん、私は揚げ物にもオリーブオイルを使います。うちのフライがすっきりとしておいしいのは、そのせいなのです。

マルフーガ社のオリーブオイル。右の2つはモライオーロ種を70％以上使用したD・O・P　EXVオリーブオイル。左はモライオーロ種100％のEXVオリーブオイル／B

Marfuga
OLIO
extravergine
di OLIVA
L'affiorante
№ 2634
MARFUGA
MARFUGA
D.O.P.
UMBRIA
Marfuga
OLIO
EXTRAVERGINE
DI OLIVA
ESTRATTO A FREDDO
D.O.P. UMBRIA
COLLI MARTANI
LT. 0,750 e
MARFUGA
Marfuga
OLIO
extravergine
di OLIVA
estratto a freddo
lt 3 e
www.marfuga.it
MARFUGA

甘酢もメープルシロップで。

メープルシロップの魅力を知ったのは、仕事でカナダの生産地をまわるようになってから。良質なシロップを口に含むと、胸がスーッとするような、すっきりとした甘さです。直感しました、「これは和食にも合う」と。

メープルシロップはサトウカエデなどの樹液を煮詰めて作る、100%ピュアな食品です。採取の時期によって5種類に分類されていて、一番早く採取される〝エキストラライト〟は色が淡く、風味もきわめてデリケート。醤油、味噌、酢などの調味料と相性がとてもよいのです。料理に砂糖を使うのがあまり好きではない私も、この甘みは好きなので、煮物も甘酢もメープルシロップで作るようになりました。

シロップのほかにも、メープルの樹液でさまざまな食品が作られています。メープルビネガーもとても美味。ほのかな甘みがあり、米酢ともワインビネガーとも違う、複雑なうまみが感じられます。葉っぱだけのサラダのとき、ドレッシングにメープルビネガーを使うと、ちょっとしたアクセントになってくれます。

ところで、カナダのケベックにあるピックボア社のアンドレアさんに、私は〝同志〟と呼ばれています。メープルの樹液は、樹木にチューブをつけて、原生林の傾斜にそのチューブを這わせ、下に置いたタンクに流れ落ちるシステムで採るのが今は一般的。ところがアンドレアさんは「それでは木がかわいそうだ」と言って、樹木に缶カラをつけて、自然にたれてたまる樹液を集めてまわる。昔ながらの手間のかかることを頑なに続けているのです。だから地元では〝北アメリカ最後の抵抗者〟なんて呼ばれている有名人。その姿勢をすばらしいと思う、とご本人に言ったら、「お互い、頑固者でよかったね。同志だね」ってアンドレアさんが私に。

〝同志〟の作るメープル製品は、他社にはないうまみとコクがあり、ひときわ澄んだ味わいがあります。

マルチネット社のメープルシロップ、メープルシュガー、メープルスプレッド、メープルビネガー。左はピックボア社のメープルビネガー／B

Vinaigre PicBois
Vinaigre d'érable
Aigre-Doux
Maple Vinegar
Sweet & Sour
500 ml
MARTINETTE
Vinaigre de vin d'érable
Maple Wine Vinegar
250 ml
La Ferme
MARTINETTE
PUR / PURE
Fondant d'érable à tartiner
Maple Spread
POIDS NET / NET WEIGHT
265g / 9.5 oz
MARTINETTE
Sucre d'érable granulé
Granulated maple sugar
MARTINETTE

欠 か せ な い 調 味 料 と 食 品

シブヤの味噌(越後味噌)

添加物なしの自然な味わいで、長年愛用しています。だし昆布を仕切りにして、赤白の2種類をひとつの容器に入れ、味噌汁には合わせて使っています。／渋谷商店、B

薬膳ソース

トマト、玉ねぎ、りんごなどにスパイスを入れたやさしい味。我が家定番のキャベツメンチをはじめとするフライには、このソースが欠かせません。／三留商店、B

ゲランドの塩

フランス・ブルターニュ半島のゲランド産。粒の結晶が残るもの（フルール・ド・セル）、粗塩、さらさらの顆粒状の3種類を常備し、料理によって使い分けています。／B

千鳥酢

すっきりとほんのり甘みのある上品な味わい。享保年間から京都で造られている混じりけなしの米酢で、お寿司、二杯酢、甘酢、サラダなどすべてに使います。／村山造酢

黒粒こしょう

黒こしょうが好きで料理によく使うので、品質のよいものを厳選。これはボルネオ産で、イタリアのスローフード協会の認定品。スープをとるときなどに粒のまま使うことも。／B

イゲタ醤油

昔ながらの会津の醤油で、製造元は父方の実家。小さい頃から親しんだ味です。160年ほど前の醤油蔵で、じっくりと時間をかけて熟成されます。／林合名会社、B

おいしい料理のために、毎日の健康のために
「ないと大変！」な基本の調味料、そして食べ物。

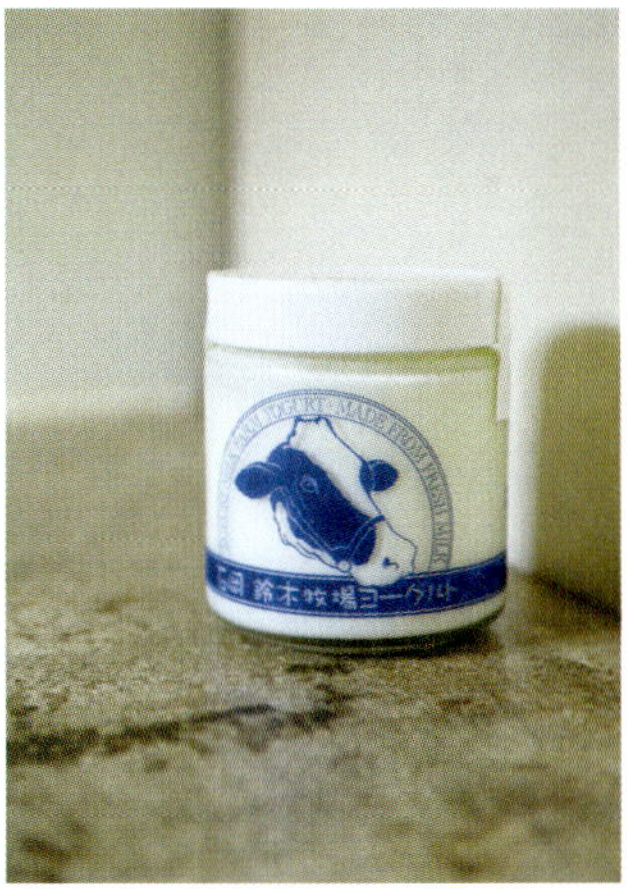

石岡鈴木牧場のヨーグルト

実は私はヨーグルトが苦手。ですが、鈴木牧場のヨーグルトは唯一食べられるので、取り寄せています。牛が食べる草のための土づくりからこだわっているそう。／石岡鈴木牧場

ペトランのパン

野菜を送ってもらう田中農園さんのパン部門が“ペトラン”。「畑の天然酵母パン」は農園や地元で採れる野菜や果実から起こした天然酵母で作られています。／田中農園・ペトラン

三州三河みりん

飲んでおいしい、それがよいみりんの特徴です。もち米、米麹、米焼酎だけを約２年間じっくり醸造して、もち米のおいしさを引き出した本格みりん。／角谷文治郎商店

登喜和食品の藁苞納豆

納豆は本来、稲藁《わら》についている菌を利用して作られていました。昔ながらの藁苞《わらづと》納豆を探すうちに出会ったのがこれ。大粒でしっかりとした納豆です。／登喜和食品

脇農園のレモン

レモンをよく使うし、皮まで使いたいので、安全でおいしいものを瀬戸内海の岩城島から取り寄せています。農薬をほとんど使わず、防腐剤やワックスも不使用。／脇農園

玉締一番絞りごま油

搾油の様子を拝見しました。球状の御影石で圧搾する、昔ながらの玉締め絞りの製法で驚きました。くせがなく、上品な香りとうまみ。すばらしいごま油です。／小野田製油所、B

クリスチャンヌ・ペロションと楕円の皿。

ずいぶん前の話です。パリのカトリーヌ・メミのお店にふらっと入ったときに、吸い寄せられるように惹かれた器がありました。「素敵だな、誰のだろう」と思いました。たまたま、店の関係者の日本人女性がいたので、「作者はどなたですか。お会いしたいので住所を教えていただけませんか」とお願いしました。そして次にイタリアへ行ったときに電話をかけて、山奥にある、クリスチャンヌ・ペロションのアトリエを訪ねたのです。

そのときに出会って求めたのは、濃いピンク色の器ばかり。のちにバーッとピンク色が流行ったけれど、当時はそんな色の器は見たことがなかった。トスカーナの夕焼けや野草や貝殻……ペロションさんの器には、色にしろ造形にしろ、〝自然〟が写されているのを感じました。実際、人里離れた山の中の大自然に囲まれて、彼女は日がな一日陶芸をし、ご主人は農作物を作る、そんな暮らしの人たちです。私も自然の中にいたくてイタリアの田舎や野尻湖に住んでいるので、初対面からすっかり意気投合。以来17年間、よい友だち関係が続いています。

手びねりのとても薄いものも、ろくろで大らかに挽かれたものも、彼女の器には柔らかさと、なんでも包み込む豊かさがあります。イタリア料理はもちろん、和食にもとてもよく合うし、エスニックやチャイニーズを盛ってもモダンな雰囲気です。

だから今やすっかり日本でも人気で、あちらこちらで見かけるようになって。そうなると違うことがしてみたくなるのが私。最近は彼女のアトリエで何時間も相談して、ペロション&アリモトのコラボでオリジナルを作ってもらっています。

このモノトーンの楕円の大皿もそう。丸いお皿ばかりの中に、楕円が入るとテーブルの上が引き締まるし、ムダなスペースができないし、それに何より楕円のお皿は料理が盛りやすい。ペロション作品の中でも特に、よく使うシリーズです。

エッジオーバル（L）45×27×6㎝、（S）41×22×4・5㎝／B

ジョー・ダブダの、使うのが楽しい器。

使っていると、「いいですね」とまわりの人たちが口々に言うのです。「うん、そうね」と最初のうちは返すだけでしたが、「欲しい」という声があまりにも多いので、とうとう私のところで扱うことに。そんな、オリーブオイル(P.50)と同じ経緯で紹介するようになったのが、ダブダさんの器です。

ジョー・ダブダさんはイギリスの女性陶芸家。娘を介してアトリエを訪ね、彼女の人柄と作品のファンになりました。ほかにはない、とてもモダンな器の作り手です。ボウルもプレートも、一人分としてちょうどいいサイズ感で、形が少しゆがんでいたりして、なんともいえぬ温かみがあるのです。

それに色使いが独特なんです。チャコールグレー、ブルーグレイ、ペールブルー、オリーブ、ミント、濃いピンクに淡いピンク、オレンジレッド、レモンイエロー、ミルク色……可愛らしい色がたくさんで、どれもイギリスのくぐもった色でチャーミング。器と器のカラーコーディネイトが楽しめます。

年に一度、マグカップと、ソーサーにもなる小皿がドッとでき上がってくると、私たちの店『shop281』で展示会をします。これが大盛況。みなさん、「この色のカップに、このお皿が合うと思ったけど、こっちもいいわよね」なんて、色の組み合わせを延々と悩んで（楽しんで）いる。私自身もそうで、そうやって選びぬいた〝お気に入り〟は、家に持ち帰って取り出すたびにしみじみと愛おしいのです。

朝食、ランチ、ディナー、ティータイムと、どのシーンにもダブダさんの器が登場します。毎食、ダブダさんの器の日もあるくらい。カジュアルでありながら、洗練されたおしゃれな雰囲気なので、自宅でお客さまを迎えるときにもよく使います。

日本での取り扱いは『shop281』のみとなります。

(左)ブレックファストφ16〜18×4㎝　(上)テラコッタガーデンリムφ28×2㎝／B

白い器のすすめ。

白い器は基本の器。どんな料理を盛っても様になって、ほかの器とも合わせやすいから、「まずは白い器を」とみなさんにも勧めています。

我が家の白い器は、気楽に使えるジノリのプレーンな白と、クリスチャンヌ・ペロション(P.56)の白。ペロションさんにはディナー皿、中皿、ご飯茶碗、小鉢、湯飲み——という汎用性の高い白の器のセットを、オリジナルで作ってもらいました。

ほかに愛用するのは黒田泰蔵さんの白磁。切れるような薄い縁を持つ清々《すがすが》しい白磁で、黒田さんは世界的に有名になられて、作品は今や、器というよりも芸術品として扱われています。でも、そもそもは、私たちの手の届くところにある器でした。その頃にいろいろと買い求めておいて、本当によかったと思います。

黒田さんの器は、やっぱりすごいのです。きわめつきのシンプルさで、ただの丸いお皿や、ただの丸いお鉢が「これ以上はないだろう」という美の極みです。形ばかりでなく、その質感、月光のような釉薬の艶、すべてが相まって凜とした美の世界をあらわしている。料理を意図せず、さっと置くだけで絵になる。そんな器は滅多にありません。縁が薄いからチップしやすいです。でも、大事に使えば大丈夫。それに欠けたら欠けたで、それもまた絵になるからいいんじゃないかしら、って。

黒田さんの弟子で、２０１０年に独立された高久敏士さんの器もとてもきれいな形です。師の作品の特徴を写したものも多いですが、実は高久さんの個性が光る作品がとても魅力的。彼の白磁はシャープさの中に、やわらかさ、やさしさが漂っていて、花入やピッチャーなどの大きめのものはフォルムがかっこよくてモダンです。小さな器もとても使いやすいです。なかにはオーブンに入れられる真っ白い器もあって、本当に気負わず日常使いができる。30代半ばの勢いのある作家で、作品が次々に生まれています。今、買いたい器です。

花入、ピッチャー／高久敏士作

私の折敷物語。

いつものテーブルに折敷を敷くだけで、サッと空気があらたまって〝食事をいただく〟場に変わる。折敷って、なかなか奥深い世界です。

　薄く、正方形で、縁のない板一枚――。私の求める折敷は決まっています。決まっているけれど、見つからず、漆作家の赤木明登さんに作ってもらうことに。ずいぶん前のことです。美しい折敷ができてきました。でも縁のない薄手の折敷を作るのは、とても困難なのだそう。木があばれて、まっすぐになってくれない。ですから赤木さんもその後は少し厚手で作っているようです。

　娘の知り合いに、スウェーデン人の木工作家がいて、繊細な仕事ぶりがうかがえる彼のアトリエを訪ねたときに直感しました、「この人なら作れるかも」。折敷を作ってほしいと話すと「それは何に使うのか」「どういう意味合いのものなのか」と作家に聞かれました。確かに、シンプルな木の板で、それも薄いほうがいいなんて、欧米では理解されにくいかもしれません。あちらでは厚くて立派な木の道具ほどよくて、毎日使うものは、落としても壊れない堅牢さが求められますから。

　だから、あらためて思うのです。折敷にしろ器にしろ、外国では宮廷みたいなところでしか使われない〝薄くて美しいもの〟を、日本の私たちは日常生活に取り入れている。ふだん使うものの見た目や使い心地にここまでこだわるって、日本人の美意識はものすごく高いんだな、と。

　さて、件《くだん》の木工作家は、北欧のプライウッド（合板）の優れた技術で、数種類の木材を使った端正な折敷を仕上げてくれました（ささやかな枚数ですが）。

　そして今、私が新潟の木工職人さんたちと作っているのが、オリーブの折敷です。加工が難しいイタリアのオリーブを薄い折敷に仕立てるのは、日本のすばらしい技術あってこそ。完成が楽しみでなりません。

プレースマットはどれも30×30㎝　（写真上）オリーブの折敷の試作品。間もなく発売予定／A（ラバーゼ）、B　（中）赤木明登作の初期の折敷（下）スウェーデンの木工作家とのコラボ／B

ワインはロブマイヤーのグラスで。

高級品やブランド品には疎いのです。名前（名声？）が先に入ってくるということはまずなくて、先に〝もの〟があらわれる。

ロブマイヤーもそうでした。以前、友人がワインの会を催したときに、グラスはすべてロブマイヤーのものでした。それまで私はロブマイヤーのロの字も知りませんでしたが、とても素敵なグラスで、すっかり心を奪われました。

あのテーブルもこのテーブルも全部ロブマイヤーで埋まる、すごい量のシャンパングラス、ワイングラス。その美しい光景を見て、「ほんとにいいグラスだな」って。それに、自分もこうして手にしているグラスの飲み心地、手触り、シルエットの優雅さ。今まで使ってきたグラスとは全然違います。「私もこれを使って飲もう」、心に決めた瞬間でした。

青山のロブマイヤーのお店へ行くと、本当にきれいなグラスばかりで目移りしてしまうのですが、シャンパン

用、赤ワイン用を私が揃えたのは、一番シンプルな〝バレリーナ〟のシリーズです。

鉛を含まないカリ・クリスタルでできていて、触ると凹むんじゃないか、と思うほど弾力のある柔らかな質感。軽くて薄いのに、とても丈夫なグラスです。私は食洗機にかけたりもしますが、割ったことはありません。底の径が広いのも特徴で、東日本大地震のときも、ショップや倉庫のグラスがひとつも割れなかったそうです。

ロブマイヤーでお気に入りがもうひとつ、革のケース入りの〝トラベラー〟です。携帯もできて、これひとつでシャンパン、白ワイン、赤ワインすべてを楽しめます。私も人からいただいて「なんてしゃれている！」と嬉しかったので、プレゼントにいいな、と。ワインとおいしいものと旅が好きな方へ、お誕生日の贈り物に差し上げて、とても喜んでもらえました。

（左）バレリーナ〈ワイングラスⅢ〉φ10×19㎝　（上）トラベラー〈グラス〉φ7・6×15㎝／ロブマイヤーサロン・ロシナンテ

好きな色、青磁を使う楽しみ。

青磁が好きです。薄いブルーとグリーンの混ざった色。それから、ちょっとくぐもったグレーっぽいグリーン。そういう色に、理由もなく惹かれてしまう。

青磁は信じられないほど古くからある焼きものです。古い時代の器が展示されているというので、中国を旅したときに南方の田舎（蘇州だったか杭州だったか……）の美術館へ見にいったことがあります。一番奥の部屋のガラスケースの中に、ポンと無造作に置かれていた鉢は、青磁といえども黄色や茶に近い色。その色に年月の深さを感じて、「ああ、やっぱり大昔からあったんだ」と感慨深いものがありました。

私が持っている青磁の器は、古いものもあれば新しいものもあります。色合いも形も産地もばらばらです。

ふわっと開いた芙蓉の花のような形の鉢（写真中央）は、上海の骨董店で買いました。青磁の中でも特にこういう色が好みです。売り手は古いものだと言いましたが、実際のところはよくわかりません。骨董的な価値は私にはあまり意味がないのです。使うために買うのだから。薄すぎず、わりとしっかりしているので「ふだん使いにいいな。盛り付けやすそう」と思ったのと、「たっぷりとした煮物なんかにいいわね」って、この器を見てまず思いました。なすやかぼちゃの夏の煮物をざっくり盛ったら……ねっ、涼しげでおいしそうでしょう？

日本の今の作家のものも、好きな青磁を見つけると、つい手が伸びてしまいます。波型の起伏のある小鉢と皿（右端）、その手前の中皿は別の作家のものですが、少し深さがあって、和食の取り皿として重宝しています。

逆に、これも日本の作家ものですが、大きく波打った貝殻のような器はとても使いにくくんです。どちらが前だかわからないし、内側もでこぼこしているので盛るものが限られる。「どうして私、こんな扱いにくい器を買っちゃったんだろう」と思うのだけれど……やはり青磁のきれいな色に惹かれたんですね。お刺身やぬか漬けに使っています。決まれば、なかなかかっこいいのです。

また、染付を好きになっています。

白地に青の染付は、古い器好きがまず最初に手にするもの。古道具屋さんを覗いて、可愛らしい絵付けに出会って持ち帰る楽しみを、若い頃に私も味わったくちです。ヨーロッパの人たちには、赤や金が入った派手な色染付が人気。藍というかブルーの染付のよさは、東洋人の感覚かもしれません。涼やかで凛とした気配を好むのは。

緑に合う、赤に合う、黒に合う。白地に青の染付は、料理映えする器です。食卓の上にこればかりだと困るけれど、白い器や焼き締めと合わせるととてもきれい。

写真に撮っていただいたのは、ふだんよく使うものです。手前は父が持っていた大皿で、確か中国の古い染付だと聞きました。おすしを盛るのに欠かせない器です。隅切りの四角い皿も、魚の煮付けなどに昔から本当によく使っています。丸い器ばかりの中で、こうした角皿はテーブルの上のアクセントになってくれて重宝です。お盆の上の菊花模様の湯飲み茶碗は鍋島焼。伊万里に近いものですが、佐賀藩（鍋島藩）直営窯で製造された染付を鍋島焼といって、キリッとした風情が好みです。

一時、染付から遠のいていました。飽きたわけではなくて、ほかに使いたいものがたくさんありすぎて。それが最近になって、「やっぱりいいなぁ」と思い始めて、また染付を使ったり、買ったりしています。

どちらかというと私は豆皿みたいなものが好きで、最近買っているのも小さいものばかり。それも、もうそんなにたくさん欲しいわけではないから、気に入った絵柄を一個、二個という感じです。豆皿のちっちゃい世界の中に「藍」または「青」で細かい絵が描いてあるのを見ると、吸い込まれるように見入ってしまいます。

器にひととおり触れた年代なら、京都の新門前などをぶらりと歩いて、好みの豆皿を見つけるのも楽しいもの。私は暮れに器屋さんから蔵出しセールのお知らせをいただくと、行って、一枚数百円の染付を買ったりもしています。値段は関係なく、これからは好きなものをぽつりぽつりと。それがいいな、と思います。

ちりんちりんといい音のするお猪口。

銅のお猪口をお盆にのせて運ぶとき、ちりんちりん、って、きれいな音がするのです。まず、その音で「わぁ!」って、みんなの顔が華やぐ。音もおもてなしになる。〝ちりんちりん〟が、このお猪口のうちでの呼び名です。

鎚起銅器の老舗、玉川堂のお猪口は外側が銅で、内側が真鍮製。これ自体を冷やしておくと、もう、ずーっとお酒が冷たいままいただける。このお猪口で飲む冷酒は特別おいしいです。

手に持って、お猪口どうしをぶつけても、それほどいい音がしませんが、お盆にのせて運ぶときに、揺れて器どうしが触れ、それで、ちりんちりんと鳴る。使ってみて初めて知った、よい器のもうひとつの魅力でした。

猪口／玉川堂

上手な金継ぎは器を高めてくれる。

たまにあるんです。買ってきてすぐ割っちゃって、どうしてここで落とすか、と呆然とすることが。でも、割れたり欠けたりした器も、上手に金継ぎすると元よりよくなることがあります。なんでもない器が、金継ぎでよみがえり、前より魅力的になることもあるのです。

一方、どこが割れたのか、まったくわからないように直すこともできます。一枚だけそれをしました。父からもらった大皿を割ってしまい、慌ててボンドでつけたら茶色くなってしまって！　修復屋さんに相談すると、漆で補修して、どう埋めていくのか、気の遠くなるような作業で直してくださった。べらぼうな値段でしたけれど、本当に元のとおり、まったく無傷のような状態です（P.69の大皿）。日本の技術はすごいです。

暮らし

家の中をきれいにしておくこと。
習いごとをすること。
植物をせっせと植えて、
車道の脇を小さな森みたいにすること。
暮らしの中には、新しい興味と発見と
美しいシーンがたくさん。
まだまだ私は知らないことだらけです。

日に何度ものお茶の時間。

一日の間にいったい何回、お茶を飲んでいるかしら。数えてみたことはないけれど、かなりの回数です。

朝のめざめの紅茶に始まって、仕事に取りかかる前に、まず一杯。仕事の途中にも、「ちょっとひと息つきましょう」と立ったままでもティーブレイクを入れたりするし、もちろん食後にお茶は欠かせません。仕事のおしまいにも必ずお湯を沸かして、スタッフ全員でお茶を飲んで、心身をホッとさせてから「お疲れさまでした」で解散。そんなふうに朝から晩まで、まるで句読点のように、お茶を淹れて飲むのが長年の習慣です。

昨今はペットボトルのお茶がまかり通っていて、急須やティーポットが使われなくなってきているとか。ほんとに？　信じられない……と言いたくなります。

お茶は淹れるものです。その場で淹れた新鮮なお茶でないと、飲んでもおいしくないし、心身がくつろぎません。それに、お茶を淹れるという行為そのものも気分転換になる。お茶の時間＝お茶を淹れて飲む時間なのです。

と、こんなふうですので、お茶についてはぬかりがありません。玉川堂の湯沸かし（P.28）でお湯さえ沸かせば、いつでも飲みたいときにお茶が淹れられるように、キッチンのすぐそばにお茶のセットが用意してあります。茶葉はその日の気分や、食事やお菓子に合わせて選べるように、好みの数種類を常備。茶器もお茶に合わせて、和洋中と揃えてあります。

なかでも一番よく使うのは、ジョー・ダブダさん（P.58）のマグカップ（上）。紅茶にもほうじ茶にも合うし、仕事中やひとりの時間には、マグカップで気楽に飲みたい気分です。自宅ではダブダさんの特別大きなマグカップも愛用（左）。カップが大きいとゆったりとした気持ちになるから不思議です。ひとりで飲むときには、底が平らになった茶こしも便利。深さがあって茶葉が広がりやすく、ソーサーの上で自立してくれるスグレモノです。

（上）自立する茶こし／新越ワークス、B　ジョー・ダブダのマグカップ φ8×9㎝、ソーサー／B　（左）ティーポット／玉川堂、B

日本茶・中国茶

しみじみ味わうお茶の時間に

粉引の急須は花岡隆、常滑の湯飲みは鯉江良二作。土ものの温もりが、番茶やほうじ茶の味を引き立ててくれます。塗りのお盆は初代の村瀬治兵衛作。父から譲られた80年ぐらいたっている栗のお盆で、丸かったものが年月を経て楕円になり、いよいよ味が出てきました。

茶葉は3種類ぐらいを常備

よく飲むのは番茶やほうじ茶。1種類では飽きるので、常に3種類ぐらい常備しています。右から奈良・嘉平衛本舗の嘉平衛番茶（Bでも取扱い）、加賀・丸八製茶場の加賀棒茶、京都・柳桜園茶補のかりがねほうじ茶香悦。奥は嘉平衛番茶1袋200gが入るように、玉川堂で作ってもらった大きな茶筒。

そのたびごとに、お茶の時間を楽しみたいから、好きな茶葉、
いろいろな茶碗を取り揃えています。ときにはミスマッチの冒険も。

小さなティーカップで中国茶を

このティーカップはイギリスのアンティーク。小ぶりなので、紅茶ではなくコーヒー用かもしれません。白一色で、縁に少しデザインがあるシンプルさに惹かれて買いました。中国茶をこういうカップで飲むのもいいし、あるいは煎茶にもいいですよね。茶碗を変えると、いつもと違う味がします。

煎茶は京都と台北の白い湯飲みで

煎茶は澄んだ緑の色を味わいたいので、薄手の白い磁器で。ストンとした形の茶碗は、台湾のお茶とお茶道具の店・治堂で求めたもの。もうひとつは京都・一保堂の清水焼で、異国のものも同じ白磁なら違和感がなく、かえって楽しいものです。紫檀のふたの急須と茶筒は玉川堂の鎚起《ついき》銅器。

紅　茶

紅茶の葉は『TEEJ』の2種類を

昔から紅茶派です。茶葉は田園調布『TEEJ』《ティージュ》のアールグレイとディンブラが好みで、このふたつはいつも切らさないようにしています。それぞれのティーバッグもよく使います。イギリスで使われている木のティースプーンは、とてもすくいやすいんです。なかには木工作家にわざわざ作ってもらったものも。

時にはスージー・クーパーで

実は名前も知りませんでしたが、イギリスのアンティークで、コレクターもいる人気作家だそう。うちの雰囲気ではないけれど、内側がオリーブ色のカップは、フルーツの絵付けもいいなと思って持ち帰りました。ペロションさんの器にのせて、たまにこんなスタイルで使うのも楽しい。

大勢でいただくときは昔ながらのティーセットを。ひとりのときは、
ちょっと意外に思われるかもしれないカップも登場。

ジノリの白いティーセットが基本

ずっと使っている昔ながらのティーセット。基本の道具は、白一色のシンプルなものが飽きがきません。「紅茶をいただきましょう」というとき、人数が多ければこうしたセットで。ひとりなら気分によっていろいろな茶碗を使うし、仕事中ならダブダさんのマグカップ。そんな使い分けです。

こんなのも実は持っているんです

やさしい色合いの花柄で、華奢な持ち手で、いつもの私の雰囲気ではないけれど、でも、たま〜にこういう器で飲む紅茶もおいしいのです。ロンドンで買ったアンティークで、私にとって“遊び心”のこの手の器は、ワンセットしか買いません。あくまでも、ひとりのお茶の時間を楽しむためのものです。

かご好き、ゆえのかご収納。

かご集めには年季が入っています。50年ほど前に買った日本の籐つるの手提げかご、40年ぐらい前に買ったイタリア・サルデニアのかごトレイ……今も活躍中です。

柳でできたイギリスやフランスのかごも好きだし、タイ、ベトナム、インドネシア……アジアの国々を旅しては、いつもかごを持ち帰ってきました。あけびや山ぶどうや竹で編んだ日本の各地のかごも、もちろん大好き。必ずそこに自生している植物が使われるので、かごの材質とその土地の植物の関係を知るのも面白いのです。そして、凝った編み目を見ると、美しさと人の手仕事のすばらしさに感動してしまいます。

いったい、家やスタジオにいくつのかごがあるでしょう、100個ぐらいあるかもしれません。私はものを集めて眺める趣味はなくて、持つ以上は使う主義。かごもれなく実用します。テーブルの上や、ものを運ぶときに使うほか、我が家ではかごが収納の大きな担い手です。

キッチンの壁の目線から上の位置に木板の棚をつけるのは、前の家でも今の家でも私が建築家に依頼したこと。ここにいろいろなかごを並べるのです。中にはゴム手袋やビニール袋、にんにくなど、キッチンで使う雑多なものを入れています。でも目線から上の位置なので、外からは、かごを飾っているだけのように見えるわけです。うちのキッチンに生活感がないといわれるのは、こんなふうに見せたくないものを隠しているせいで、かごのおかげ、といえるかもしれませんね。

リビングや洗面所などでも、こまごましたものは、かご収納ですっきりと。収納といっても、かごにただ入れるだけですから、こんなにラクなことはありません。

旅をしていると、日本でも海外でも、かごの編み手がだんだん減ってきていることを肌で感じます。その地方に何百年と受け継がれてきた技術を絶やしてはいけないと、せめてよいものに出会うと買うようにしている……というのは、半ば、かごを増やし続ける私の言い訳でしょうか。でも本当の気持ちです。

かごの中身は……

お茶セットは
大きなかごにまとめて

お茶がいつでも飲めるように、マグカップとティーポットはかごにまとめてキッチンの腰高の棚に。

ミトンをのせて
すぐ手の届く棚に

手付きの浅いかごは、ミトンがちょうど収まるサイズ。キッチンの棚のすぐ手の届く場所が指定席。

赤唐辛子を束のまま
飾るように

小花形の編み目の手さげかご。深みのある色が赤唐辛子と合う気がして。唐辛子は切りながら使います。

玄関に置いたかごは
スリッパ入れ

うちは昔からこのスタイル。来客が多くてスリッパの数も多いので、深さのあるかごにざっくりとまとめて。

じゃがいも、玉ねぎ、
にんにくのかご

いつもはキッチンの腰高の棚の下段に置いています。口が広くて、出し入れしやすいので野菜入れに。

ベランダそばのかごに
ガーデングッズ

ベランダガーデンに使う園芸ばさみ、スコップなどを。サッシの溝をサッと掃けるように小箒《こぼうき》もここに。

飾ってあるだけでなく、どれもちゃんと働いているうちのかご。
何も入っていないかごもあって、それはものを運ぶときに使います。

スクエアなかごに 焼き網が集合

四角い形のかごも便利。かご収納は、かごごと取り出して欲しいものを出し入れできるのがいいんです。

茶碗を入れたら ちょうどよくて

昔、タイで買った竹のかご。茶碗を寝かせて入れたら、とても収まりがよくて。このまま食卓へ出します。

平たい水草のかご、 今はたまたま玄関に

イギリスの水草のガーデンバスケット。靴べらが入っているけれど……そのときどきで使い方は変わります。

鍋や器も かごに入れて運びます

自宅からスタジオなどへ重たい鍋釜を移動させるときにも、丈夫な竹のかごで。器を運ぶのもかごが安心。

重たいものは 丈夫な市場かごで

飲み物のボトルを運ぶようなときには、竹でしっかりと編まれた、いわゆる“市場かご”が活躍。

リモコンもかごの中に 隠しておきます

テレビやエアコンのリモコンにも、かごの指定席を。どこへいったかしら、と探さずにすみます。

イギリスの水草で編まれたものたち。

ちょっと見かけないテイストでしょう？　イギリスの水草で編まれたものたちなんです。清らかな小川にはえている水草を刈り取って作品を作っている、イギリスの女性アーティストの手によるものです。

彼女は自分で刈った水草を、チューダー時代の廃墟の教会の中で乾かしてから、マットやトレイやバッグにひとつひとつ編み上げていく。水草の柔らかな感触と、ていねいな仕事でありながらも、ざっくりとした素朴な編み目にとても惹かれます。フォークロアな雰囲気だけれど、モダンなインテリアやファッションにも合うんじゃないかな、と思って使ってみたら大正解でした。

私が水草に惹かれたのには、もうひとつ大きな理由があって。写真に映っているものは、数年使っているのですでに色が変わっていますが、できたばかりの水草のかごたちは、緑がしたたるような鮮やかなグリーン。それが、使ううちに色を変えていくのです。

最初に女性アーティストの仕事場を訪ねたとき、無造作にそこいらへんに放り投げられていた水草のバッグに、目が引き寄せられました。見たこともないような、ゴールドに近い美しい枯れ草の色。「これ？　自分で作ったものだけど、もう20年以上使っているのよ」と作家から返ってきたので、「ああ、20年たつとこれね」と、そう思ってぜひとも使ってみたくなったのです。20年後が楽しみなものなんて、とてもいいではないですか。

丸や四角のランチョンマットは、朝食やティータイムのテーブルをグッとおしゃれにしてくれます。水草×革の持ち手のバッグは、こういう自然の色を都会のビジネスシーンで女性が持っていたら素敵だな、とイメージして、A4サイズも入る大きさに作ってもらっています。

いずれもうちのショップで扱っているのですが……なにせ、ひとつずつ手作りだし、水草を刈るところから始まるので時間がかかる。いつ入荷するのか私にもわからない、ゆったりとした世界の産物です。

水草のランチョンマット、ランナー、バッグなど／B

ふだん使いのタオルは、イタリアのレースのリネン。

イタリアに暮らしてみて、初めてその魅力にとりつかれたもののひとつにリネンがあります。

私が暮らし始めた17年前には、どんな小さな町にも昔ながらのリネン屋さんがあって、しなやかで美しいナフキンや鍋つかみやタオルが並んでいました。その町ごとのオリジナルのレースがあったりして、繊細な刺繍や縁かがりなどの手仕事が残る、それはすばらしい世界です。

リネンの店で好みのものをオーダーメイドするのも、あちらの人たちがよくすること。〝我が家のリネン〟を持ち、大事に使って代々に伝えていく――。布1枚でも、よいものを長く使うスピリットに感じ入りました。

私も、住んでいる村のリネン屋さんで、ナフキンやティーマットなどをオーダーしました。イタリアのリネンは淡いピンクやイエローも甘すぎない可愛らしさで素敵なのですが、自分用にはやっぱり白やベージュを選びます。白一色に織り柄や、白糸の刺繍が施されている布はなんともいえずロマンティック。どっしりとした中世の木の家具を置いた、石造りの建物の重くてほの暗い質感と、白やベージュの柔らかなリネンの取り合わせは、光と影のようでとてもよくマッチします。

ところが、時代の波はイタリアの田舎町にも押し寄せていて、今やリネンの手仕事も風前の灯なんです。それで田舎へ行くと、軒先に古いかごがぶら下がっているような日用雑貨の店へ行って、「古いリネンは残っていないかしら」と尋ねるのが常。すると奥からごそごそと出してきてくれるのが、写真のような美しいタオルだったりするのです。

日本に持ち帰ったこのタオルは、日常使いにしています。「きれいなのにもったいない」と言われましたが、「でも、使わないで、ただ持っているほうがもったいないでしょう」と。きれいだな、と愛でながら使って洗って、水を通すごとにしなやかになる風合いも楽しんで、それでようやく〝我が家のリネン〟になる。使ってこそ、ものはよりよく生きるのです。

椅子をめぐる冒険。

家で使う椅子は、気に入ったものを一脚ずつ買うことが多いです。

イギリスの教会で使われていた古い木の椅子。イタリアのデザイナー、ジオ・ポンティの軽くて美しい椅子。日本のアンティークショップ「ロイズ」で20年以上前に買った、紙のこよりでできたガーデンチェア。背の低い中国のアンティークの椅子。コルビジェのポニースキンの椅子も野尻湖の山の家で使っているし、まるで脈絡がなくて。椅子には遊び心を求めてしまうのかも。

必ずしもテーブルに、同じ椅子が並んでいなくてもいいんじゃないかしら。そう思うから、今まで暮らしてきた家では代々、ダイニングテーブルにバラバラの椅子を置いていました。それ、なかなか可愛いんですよ。だけど、そろそろ雰囲気を変えたくなりました。

ダイニングテーブルは、ジョージ・ナカシマデザインの無垢のくるみのどっしりとしたものです。テーブルが重厚な分、椅子には軽さが欲しい。そこで、以前に「ロイズ」で買って座り心地が気に入っている、紙のこよりでできた椅子の形違いを探すことにしました。

なかなかアンティークには出ない椅子です。今はインドネシアとイギリスで作られていると知り、私はイギリスの「ロイズ」に注文することに。ゆったりと座れるけれど、サイズ的にかさばらないビストロチェアのタイプを買うことに決めました。

今回は同じ椅子を揃えるのです。ところが「色見のない家だから、淡いブルーやピンクもきれいかも……」とむらむらと思ってしまうのが私。それで「ファローアンドボウル」見本帳から、白、オフホワイト、薄いピンク、薄いブルー、紺の5色を選び、全部バラバラの色にすることに。吉と出るか凶と出るか、こればかりは家に椅子を置いてみないとわかりません。でも、ダメならほかに使い道もあるでしょ、なんて。

こういう冒険が私は好き。インテリアも旅も生き方も、型におさまってしまうのはつまらないと思うのです。

ろうそくを灯す時間。

一日のおしまいには、テーブルの上にもキッチンにも何も出ていない状態にします。〝昨日〟をひきずったままでは、せっかくの朝の空気も清々《すがすが》しく感じられません。新しい朝は、新しい一日としてスタートしたいと思います。

家で仕事をする日も多い私は、撮影スタッフやアシスタントが引き上げた夕方には、サッと掃除をすませ、空気を入れ換えてろうそくに灯をつけます。これだけで空間や自分の気持ちに、昼と夜の切り替えができます。

昔からろうそくの明かりが好きで、夜はできるだけ照明を落として、闇の中にぽっかり浮かぶキャンドルの光で心身をリラックスさせてきました。ひとりのときも、誰かとお酒を飲むようなときも。外の方にも心なごんでもらえたら、と窓辺にキャンドルを置いたりもします。

キャンドルもいろいろ使ってきました。香りのあるものは基本的に苦手で、蜜蠟のろうそくのような自然なものが好き。でも、蜜蠟はサーッと早く燃えてしまうし、大きなサイズがないのが残念。どちらかというと私は、大きなキャンドルをゆっくりと楽しみたい。

キャンドルやろうそくで大事なのは芯です。よい芯がきちんと入っていないと、液状になってたまる蠟で芯が埋もれてしまい、灯りが豆粒みたいになってしまう。よいろうそくは、常に安定した状態でしっかり燃えてくれます。でもこればかりは、外からでは判別できなくて、燃やしてみないとわからないんですよね。

写真は、お寺のろうそくを作っている方の、白い筒状のろうそく。お寺などで使われる日本のろうそくは炎がまっすぐで、燃え方がきれいでしょう。ずっと外国のものを使ってきましたが、メイドインジャパンを贔屓《ひいき》にしたいので、日本のろうそくで、おしゃれなよいものを探していこうと思っています。

と、こんなふうに私がろうそくの灯りでくつろぐのは、遅くても夜11時頃まで。なんとしてでも12時前にはベッドに入って、必ず8時間の睡眠を取る。そしてさわやかに朝を迎える――。これが日々、元気で過ごせる秘訣です。

リラックスできる、目線が変わる低い場所。

自分自身はもちろん、うちにいらした方にとっても、住まいはくつろげる空間でなくては、と思います。そのために大事なのは〝好きに動けること〟、これは今までいろいろな住環境を経験してきた私の実感です。

たとえば音楽会に行った帰りに「ちょっと寄っていく?」なんていうときや、みんなでうちでお酒を飲みながら会話を楽しむのに、リビングのテーブルと椅子に座りっぱなしでは堅苦しい。ソファに座ったり、床に座り込んだり、気ままに動くことができると、その場の空気がグッとやわらぎます。畳の部屋はなくても、床にじかに座るのはやっぱり気持ちがいいもの。ホッと肩の力が抜けるし、人との距離も縮まる気がします。イタリアの家も、床に座るスペースを作っています（P．113の写真にちらっと見えます）。

我が家ではリビングの隣に小さな部屋があり、仕切りを完全に開け放つことができるので、リビングとひと続きの空間になります。その小部屋にはただ、毛足の長い白いカーペットを敷き、白いソファが置いてあるだけ。ソファの上の大きなクッションを床にごろんごろんと転がせば、座り込んでリラックスできる場所に早変わりです。韓国の李朝膳や、大きな漆盆を脚にのせてテーブルとして使っています。

リビングのテーブルで食事を楽しんだあとで、「デザートはこちらでいただきましょうか」と傍らの低い空間へ誘うと、「わぁ、いいですねえ」って、そこでまたみんなが盛り上がる。場所を提供することも、おもてなしの大きな要素なんですよね。ちなみに床に座るスペースは、お酒を飲みながらの女どうしの密談（?）にもうってつけです。

くつろげるだけでなく、低いところから見る室内や窓の外の風景はいつもと違って、「あら、あんなところに鳥の巣があったんだ」なんてことも。日々の暮らしの中でときどき視線の位置を変えてみると、部屋の様子や外の景色に新しい発見があるものです。

NIGEL SLATER

ハキリアリの運ぶ葉っぱの箸置き。

乳白色のアクリルでできた葉っぱをテーブルに置いて。小さな蟻のモチーフもそばに添えておきます。みんなに好きな形の葉っぱのかけらを取ってもらい、それを箸置きに使ってもらって、おもむろに私は聞くんです。

「これ、何だか知ってる？」

ご存じでしょうか、ハキリアリを。中南米にいる蟻で、木の葉をカリカリと切って、1匹が1枚ずつそれをくわえて、一列になって巣穴まで行進するんですよ。遠目で見ると、いろいろな形の緑の葉っぱが、えっちらおっちら行進しているみたいで、目が吸い寄せられる光景です。ハキリアリが切った葉っぱは、どれもきれいな形。それで、大変な数の蟻たちが行進しているのに、1枚として同じ形の葉っぱはないんですよね。BBCだったか、何十年も前にテレビで蟻たちの行進を見て、感動してしまって。以来、忘れられず、YouTubeにも動画がたくさんあるので、何度も見返したりしています。

この熱い想いを、永らく誰とも共有できなかったのですが、一昨年の暮れでした。知人のプロダクトデザイナー、手島啓介さんから「モノとかたち」展のテーマでコラボのお誘いをいただいて、まっさきに頭に浮かんだのがハキリアリの葉っぱ。話してみると、大いに興味を持ってくださり、この箸置きが完成したのです。アクリルのほかにも素材はいろいろ。木箱に入って、蟻さん付きの箸置き（鍋敷きにもなります）のシリーズです。

と、ここまでの話で、疑問がいくつか沸いているのではないかしら。まず、ハキリアリは巣穴に運んだ葉をどうするのか——。蟻は葉をさらに細かくして、自分たちの分泌液と混ぜて、特別なきのこを育てる農園（菌園）を巣の中に作るんですって。そのきのこの菌糸体がハキリアリの栄養分になるのだそうです。

ハキリアリの葉っぱの箸置きは、元の形に戻すのが難しくないか——。そう、難しいです。だからジグゾーパズルみたいに、みんなで悩んで、元の葉っぱの形を再現する。これも食後の楽しい時間です。

ピアノ、そして「教わる」こと。

音楽は私のそばにいつもありました。子どもの頃からピアノを習ってきましたし、今もサロンコンサートは好き。CDも聴きます。CDは、ほかの方の迷惑にならないように、車の運転中や、山の中にある野尻湖の家でひとりで大音量で聴くんです。野尻湖の家は、外に向かう一面がすべてガラス張りですので、夜に遠くの山影や、満天の星を見ながら、ドビュッシーやバッハを大音量で聴いたりしていて、それは至福の時間です。

クラシックが何よりも好きで、なかでもやはりピアノの演奏に惹かれます。何度聴いても感動するのが、スヴャトスラフ・リヒテル。私にとってバッハはリヒテルです。一方、日本の若いピアニストの演奏もみずみずしくてすばらしいです。

イタリアの家にはチェンバロ、東京の家には大昔のピアノがあって、レッスンは今もたまに受けています。習わないと、後退の一途だから。なんでもそう。語学でも茶道でも、先生に就くことが大事だと思います。レッスンに行くために、自分で練習したり勉強するし、習うことで新しい世界が開けてくるようです。

お稽古ごとに限らず、人はいくつになっても、どんな立場であろうとも、他者から教えてもらうことがないと成長できないと思っています。私は自分の子どもみたいな若い人に、何かを教えてもらうことが好きです。未知の世界のことを若い方たちに教わって「私には知らないことだらけだな」といつも思います。「もっと勉強しなくちゃ」と、自分の世界が広がっていく可能性を感じます。新しいことも古いことも、もっともっと見聞きして知っていきたいです。

娘たちとも、自分の娘というより、別の世界を知っている女性と付き合っている感覚です。それぞれの道で生きている若者に、自分の知らないことをいつも教えてもらっている——。だから、彼女たちとの対話は尽きることがありません。そのうち三世代でそんな話ができたら、どんなに楽しいでしょうか。

TEINWAY & SONS

私の旅のスタイル。

飛行機の中に持ち込むのは、使い古したハンドバッグひとつと決めていて。パスポート、国際免許証、翻訳機能のある電子辞書、ｉＰａｄ ｍｉｎｉ。それから小さな化粧ポーチと、夏でも必ず、薄手のカシミヤのニットか大判のストールを1枚、くるくると小さく丸めて入れておきます。旅は身軽に、が身上。身軽だと、フットワークが軽くなります。

旅は気楽に、も私の身上です。現地でみんなと落ち合って、一緒に食事をしたり、あちらこちらをまわることは好きでよくしますが、行きと帰りはひとりがいい。

旅程をきっちりと決め込むようなこともしません。いわゆる観光地には行かず（観光客の顔を見にいくようなものですから）、ガイドブックも持たず。初めての土地では、おいしいものが好きそうな地元の人（初老の男性が狙い目）を見つけて、おすすめの食堂などを教えてもらうのが一番。そんなふうに勘を働かせ、鼻をクンクンときかせて、おもしろそうなところ、おいしいもののあるところへ出かけていく――。それが私の旅のスタイルです。わずかな手がかりだけを持って旅することもあります。

大昔にテレビで、ベトナムの南方に住む少数民族が野焼きをしている様子を見ました。そこで素敵な壺を焼いていたのが目に焼きついていたので、20年ほど前ですが、ベトナムを旅した際に、車で運転手さんにそういうものがありそうな場所を尋ねて、いろいろまわってもらいました。そしてついに海辺の町ニャチャンの、迷路みたいな市場の一番奥に、藁くずにまみれて置いてあった素焼きの壺を発見！ 件の少数民族の壺かどうかははっきりしませんが、よく似た姿に大満足して持ち帰って、今も私のキッチンで塩壺になっているのがそれです。

昔にインドネシアで買った、使い心地のよいアルミのヘラが欲しくて、かの国を再訪したこともあるし。一本10円ぐらいのヘラを探しに行くなんて……と呆れられそうですよね。でも、そんな旅ばかりしている気がします。未知なる地へ、これからも出かけていくつもりです。

服もメンテナンスして。

私の着ているものは古いんです。シャツもセーターも15年ぐらい着ているものがざらで、よく見るとセーターの袖口がほつれていたり。洋服は好きなブランドがいくつかあって、まったく浮気をしません。シャツが1枚ダメになると、同じブランドで同じようなものを1枚買う、という感じ。新しく買うと、また15年着るのですから、本当にたまの新調です。

服が長持ちするのは、自分で洗わないからです。Tシャツでもなんでもクリーニングに出します。洗濯機で洗うと、あっという間にダメになってしまうので。買うときは多少値がはっても、自分の体型に合うシルエットの、本当に好きなデザインや色の服を選んで、きちんとメンテナンスをして長く着る。これが私のポリシーです。最近は、バッグのクリーニングにもはまっています。

メンテナンスということが、とても大事だと思うのです。道具でも器でも洋服でも、買って満足してしまうのではなくて。ものはとことん使って、ちゃんとメンテナンスをして（そのためにお金もかけて）、やがて役割を終えるまで、しっかり使いきる。使いきってはじめて、そのものが生きてくると思います。

メンテナンス＝いつでも動ける状態にしておくこと。私の日常着はTシャツに細身のパンツにエプロンですが、これだって、いいえ、こういう〝ユニフォーム〟こそ、メンテナンスがされていなければ、毎日気持ちよく働けません。Tシャツはクリーニングから帰ってきた清潔なものであること。家で洗ったリネンのエプロンには、ピシッとアイロンがかかっていることがとても大切。

娘たちは布類のシワをあえて楽しんだりするけれど、私はエプロンもクロス類も、アイロンをしっかりかけたい。だから、あれこれリクエストを出して、かけやすいアイロン台を日本のメーカーに作ってもらいました。メンテナンスのための道具が使いやすいことも重要です。暮らしって、すべてつながっているんですよね。

シンプルアイロン台110×40×高さ50〜82㎝／ディノス

〝ちょこちょこ掃除〟の相棒たち。

年中、どこかしら拭いている、と言われます。以前、雑誌の企画で、私の料理中の様子をドキュメントタッチで細かく追っていただいたことがあるのですが、その写真を見て自分でも呆れました。何か切っては調理台の上を拭き、何か鍋に入れてはガス台のまわりを拭き……。片手にふきんを握りしめていて、調理中もしょっちゅう、あちこちを拭いているのです。

汚れに気がつくと、すぐに拭いたり掃いたり磨いたり。私は自他ともに認める〝ちょこちょこ掃除〟派です。

ソースの瓶を開ければ、必ず瓶の口のまわりを拭いてから閉めます。冷蔵庫を開ければ、必ず中棚をサッと拭いてからものを入れます。電話が鳴ると、ふきん片手に電話機のある場所へ行くのですが、その間にも棚のほこりをぬぐっているし、もちろん電話中もそのへんを拭いています。キッチンの戸棚に、住宅用洗剤「スワイプ」などの掃除用具をまとめたコーナーを作っていて、いつでもサッと拭き掃除ができるようにしています。

と、こんなふうですので、まとまった掃除の時間を私はとりません。年末の大掃除もしません。いつも、〝ちょこちょこ掃除〟をしているから、汚れもほこりもたまらず、あらためて掃除をする必要がないのです。

床掃除については思うところあり、です。モニター的なことも依頼されますので、いろいろな掃除機を使ってきました。強い吸引力を謳《うた》ったものも、ハイテクロボット掃除機も。でも結局のところ、ものがたくさんある日本の狭い家には、軽くて小回りのきく掃除機が一番。私には日本のメーカーのコードレスタイプが便利です。

それから最近よさを見直しているのが、昔ながらの箒。これが実にいいのです。パン屑などをサッと掃くのにもラクですし、家具の下のほこりもかき出せます。天然の草でできているから、あたりが柔らかく、壁や家具を傷める心配もありません。大きな音もしないし、見た目も可愛らしい。機能面でもエコの面でも、「日本の道具に勝るものなし」という想いが年々強くなるばかりです。

昔ながらの箒&ちり取りが好き。

日本の昔ながらの箒で、室内用としてよく見かけるこのタイプは、ホウキモロコシという植物を乾燥させて束ねたもの。私のアシスタントもしてくださる料理研究家の植松良枝さんから、ご実家のそばに昔ながらの手作り箒の店があると聞いて訪ねて購入しました。ちり取りもそこで見かけて、竹の持ち手が長ければ腰をかがめずにすむのですが……と相談してみたら特別に作っていただけて。セットで部屋の隅にあると、なんとも微笑ましい風情でしょう？

マキタの掃除機、優秀です。

スタジオでも自宅でも愛用している「マキタ」のコードレスタイプの掃除機。軽くてコンパクトで小回りがきいて、気がついたときにすぐに掃除をしたい“ちょこちょこ掃除”派には最適です。プロの清掃業者や、新幹線の掃除にも使われているというハイパワー。柄を短くしてハンディタイプでも使えるので、車の中の掃除にも。業務用ならではのモノトーンのシンプルなデザインで、こんなふうに引っかけて出しっぱなしでも嫌ではありません。充電式クリーナー / マキタ

緑がないと生きられない。

都会で暮らしていても、できるだけ自然を感じていたいと思うのです。そうでないと、何かが狂ってしまう気がする。人も自然の一部で、自然とともに生きているんだ、っていうことを忘れてしまうと、五感が衰えて、生命力が弱くなってしまうのではないでしょうか。

朝起きて、外の緑が目に飛び込んでくると、それだけで気持ちがスーッとして、体に力が漲《みなぎ》ってくるようです。

窓の外が樹木の緑でいっぱいだったことが、家選びの決め手になったことは、この本の冒頭にも書きました（P.10）。さらに私はベランダで、ハーブや野菜などの植物を育てているので、我が家の窓の外は本当に緑だらけ。東京の街中とは思えないくらいです。

ヨーロッパの街を歩いていると、ベランダ使いが上手だな、と感心することがよくあります。それぞれの家がとても個性的。ベランダは室内と屋外の中間にあるところ。家の外だからとぞんざいに扱うのではなく、室内の一部として考えると、ベランダがより有効に使えるし、暮らしももっと楽しくなりそうです。

どうすればいいかな、と考えました。外履きを置かず、素足やスリッパで室内からそのまま出られるようにしたらどうだろう……。そこで、ベランダに木板を張ることにしました。いわゆるウッドデッキではない木板を選び、リビングの床に近い色の塗装をしたせいで、外と中がつながって見えるようになりました。いつでも裸足で出られるように、ベランダの床は毎朝きれいに拭き上げています。しつらいだけでなく、人が動くことも、気持ちのよい空間作りには必要です。

ベランダには古ぼけたガーデンテーブルを置いています。「何かに使えるかも」と以前に購入したもので、床の木板とテイストが合いました。気が向けば、ここでお茶を飲んだり、朝食を楽しんだりも。テーブルの上のランタンは、どこか中東の国のものでしょうか、ショップ『ｇｒｉｏｔ.』で購入しました。こうしたものは外気に長くさらしておくと、錆びていっそう味わいが出てきます。

プランターを高くするだけで、ベランダでも日当たりと風通しがグンとよくなります。
スイスチャード、ターツァイ(フレッシュであればサラダにしてもおいしい)、
セロリやレタス類などの野菜も育てているし、ベルガモット、タイム、セージ、
バジリコ、ミント、チャイブ、イタリアンパセリ…ハーブの種類は数えきれないほど。
キッチンの窓辺(左ページ)から見えるベランダはこんなふう。すぐそこにハーブが。

『griot.』のデザイナー、小宮一晃さんに作ってもらったのが、ベランダの主役ともいえる脚付きの木のプランターボックスです。

キッチンの窓を開けると、ハーブにすぐ手が届く高さ。ベランダのフェンスから植物が顔を出して、風に当たることのできる高さ。腰をかがめずに、ふだんの世話や植え替えができるのも、とてもいい！　キャスター付きなので、違う場所に移動もラクラクできるし、プランターの下を掃除するのにも便利。木箱からこぼれるように茂る草花の姿も愛らしくて。これがあるおかげでベランダが、いっそう楽しい空間になりました。

料理にお茶に、私はベランダへしょっちゅう、ハーブを摘みにいきます。だから裸足で歩けるように毎朝掃除を……というのが本当のところだったりして。ベランダをフルに活用しています。

「小さな森みたい」を目指して。

　実は、田園調布の『shop281』の前にある古いけやきの木は、この建物ができるときに伐採される予定でした。木が伐られるのは嫌でした。なんとか保存できないものかと考えて、建物の工事が始まる前に、近隣のNPO団体の方たちと協力して募金活動をしたんです。その結果、けやきは無事、新しい建物の前に移植されることになりました。

　ですから、1階のショップの前のスペースは、最初はけやきが生えているだけの庭だったのです。そこへ、私やうちのスタッフが、せっせと植物を植え続けました。花屋さんで買った苗を植え込むこともあれば、野原の草の種をとってきて、ぱらぱらと蒔いたり。育った菜の花が種をつければ、指ではじいてあちこちに飛ばしてみたり。計算されたナチュラルガーデンではなくて、「空いてる地面があるから植えちゃう」みたいな無計画ガーデンです。でもそれがかえって、自然な感じで私は好きです。アスパラ、てっせん、バラ、クリスマスローズ、紫陽花、

オルレア、みょうが、セージ、ミント、水に浸けたら葉が育った里芋も……。本当に脈絡がないし、このもしゃもしゃの庭の中に何種類の植物があるのか、もはや私にもわかりません。ただ、水やりをし、下草を傷めないようにしながら、枯れ草を抜いているだけです。ちなみに、信州の道の駅で見つけたホウキグサを束ねただけの庭箒は、枯れ葉だけをうまく掃けるのでとても重宝しています。1本100円でしたが、茶色のリボンを巻いてみたら、急におしゃれな箒になりました（P.110）。

　コンクリートが混ざっているところもあって、土があまりよくない庭で、植物を育てるのは実はむずかしい環境。でも、あれから6年たって、今はけやきも大きくなり、まわりの植物たちもわさわさと繁って、目にも心にも涼やかな場所になってくれています。

　通りがかりの人が花の写真を撮っていたり、足を止めて話しかけてくださる方がいたり。植物には人と人を結びつける力があるのですね。

〝暮らしのプロセス〟を楽しむイタリアの家。

イタリア中部、ウンブリア州の小さな城壁の町。ここに住んで17年になります。イタリア暮らしではたくさんのことを学びました。何しろ、ガスでも電気でも水道でも、家や車の管理でも、日本とまるで勝手が違うので何度も途方に暮れました。頭も使うし、人の助けも借りるし、忍耐強くもなるしで、世界一ラクかもしれない東京の生活では使わない〝筋肉〟が鍛えられます。

そもそもイタリアの家に行くのは年に数回ですから、行ったら大掃除が待っています。うちは14世紀に建てられた修道院の一部だったという建物で、5mぐらいある天井のほうに蜘蛛の巣が張るのです。それを背の高い脚立にのぼって掃除して……。だから、掃除をしにいくついでに、ちょっと滞在してくるという感じです。

風景やおいしいものを楽しむだけなら断然、ホテルに泊まったほうが便利。でも、私は〝暮らしのプロセス〟が好きなんですね。料理と同じで、でき上がったものよりも、そこに至るまでのプロセスを楽しみたいのです。

それに最近は強い味方がいます。お隣のファゴッティ家の人たちが、頼むと何でもやってくれる。「家に着くのが夜遅くになるので、朝食を買っておいてくれませんか?」とメールを送っておくと……鍵を預けてありますので、冷蔵庫にミルクや生ハムを入れておいてくれたり。うちの戸棚から勝手に好きなお皿を出して、くだものを盛り付けておいてくれたりして、リゾートホテルのウエルカム・フルーツのようで素敵。長旅の疲れが癒されます。

お隣は私が舌を巻くほどきれい好きで、いつ行っても掃除が行き届いています。85歳になるおばあちゃんはうちの庭まで掃除してくれるし、奥さんはアイロンがけの名人で、なんと、放っておいたうちのカーテンにもピシッとアイロンをかけておいてくれるのです! なんの見返りも求めず、人のために何かをすることが嬉しい、という人たち。だから私も安心して甘えてしまっています。長いお付き合いの中で、信頼関係が生まれて、そんなご近所付き合いもできるようになりました。

その昔は修道院の一部だったという荒れ放題の家を、一年がかりで
修復、改装したウンブリアの家です。古い梁を活かしたり、
16世紀の栗の木のテーブルを置いたりすると同時に、
モダンな椅子や照明を取り入れて、自分らしくなるように。
近所の市場で野生の細いアスパラガスを買った日のランチは当然、アスパラのパスタ。

台所にも暖炉があって、薪で料理をする習慣がこの地方には残っています。
それで私も台所に暖炉を。居間と台所の段差を利用して、居間では足元に、
台所では調理台の高さにあるという、ふたつの部屋で共有の暖炉です。
肉でもパンでも野菜でもここで焼いて、オリーブオイルと塩だけで食べるのは格別！
美しい夕日を眺めながらワインを飲む時間も、この家だからこその贅沢。

手帳にすき間があれば、〝野尻湖の家〟へ。

東京にいなくてもいい〝すき間〟の日が、たとえ2、3日でも見つかると〝野尻湖の家〟へ出かけていきます。長野県の黒姫にある山の家へは、東京から車で3時間ちょっと。ひとりで行くときは、何しろ運転しかできないのでつまらなくて。それで好きなクラシックのCDを大音量で聴いたりしているわけです(P.96)。

山の家の冷蔵庫はほとんど空ですから、食料を大量に持っていきます。出かける前に肉を塩で揉んでパックすれば、着く頃にはちょうど塩がなじんで、すぐに焼ける状態になっています。途中の道の駅でも新鮮な野菜を山ほど買いますので、車でないとやっぱりダメなのです。

黒姫は豪雪地帯なので、冬場は行くのが大変です。雪道を車で上るのもひと苦労。着いたら、除雪車が飛ばした雪が、家が見えないくらい壁のようにそそり立ち、まずは雪かきをしないと中に入れない、なんていうことも。

汗だくになって雪かきをして、ようやく家の中に入れても、不安材料がまだまだあるのです。電気はちゃんと点《っ》くかしら。ガスは? 水道は……。実際、雪のせいでボイラーがしょっちゅうダメになるし、帰るときに水抜きをして不凍液を入れておかないと、次に来たときにはトラブルがいっぱい。だから冬場に野尻湖の家に人を招くときは、少なくとも前日には行って、家のあちこちを点検しなければなりません。

本当に「何をしに行ってるの?」っていう感じだけれど……。でも、そういうことを楽しむところがあって。便利すぎる生活とは逆の生活が面白いのです。

イタリア暮らし(P.112)にも書きましたが、都会の便利な暮らしは、むしろ特殊なのではないでしょうか。すべてがスムーズすぎる東京にずっといると、自分が歯車の一部みたいな気がする。自然の影響をもろに受けたり、火でも水でも食料でも、自分からつかみにいかなければならない環境のほうが、生きものとして普通です。山の家で多少ワイルドな感覚を取り戻すのも、私には大事なことです。

人も家も、ここでは自然の一部です。

30年ぐらい放っておいた土地でした。130坪と別荘にしてはさほど広くもないし、何もない山の中で、来てみたこともなかったのです。

そこに〝野尻湖の家〟を造ろうと思ったのは、東京のマンション暮らしで自然が恋しくなったせい。それに長女夫妻はともに建築家。私のことを一番よくわかっている彼らと、山の中での暮らしを楽しむ作品づくりをしてみようか、という話になりました。

完成した家は傾斜地に建つ約80㎡の平屋。長方形の箱のような形で、等高線に沿ってゆるやかに曲線を描いた形であることが、この家の特徴です。人の住む家も自然

冬は窓の外もモノトーンの世界。自然のつくり出す静謐《せいひつ》な美しさにずっと見入っていることがあります。車で10分ほどの黒姫童話館から見る、妙高や黒姫をのぞむ広大な雪野原の景色も大好き。（右ページ）

の中の一部になるようにと建築家が考えて、自然の地形に合わせて設計しました。

斜面側の壁一面はガラス張り。間近に迫る木々の向こうに、妙高山や黒姫山の青いシルエットが見えます。だから暖かい室内にいても、まるで森の中のよう。冬は小枝の黒いシルエットが美しく、春はそこに芽が吹いて、夏は葉が繁り、秋は枯れ色になる。自然のダイナミックな様変わりに、一年中圧倒されっぱなしです。

器の色が映える山の家。

最初に色ありき、でした。野尻湖の家を造るときに、建築家に私が伝えたイメージは。

家を造った2000年の初め頃に、友人のクリスチャンヌ・ペロションさんが、淡いピンク色の器のシリーズを作っていました。それが素敵で、当時はピンクの器なんて世の中になかったし、すっかり魅せられたのです。「ペロションさんの器を使いたいから、それが合う家にしてほしい」とリクエ

ストしたのでした。
だから床の色は、ピンクに合う炭の色。壁は珪藻土のオフホワイト。キッチンの戸棚もテーブルも白ですが、真っ白ではなくて、少しグレイッシュだったり、薄茶が入っていたり、ニュアンスのある白ばかりで揃えました。
白×黒のモノトーンの空間では、器の色も、野菜たっぷりの料理も鮮やかさを増します。それにこの家の主役は、壁一面のガラス窓の風景。雪景色を眺めながら、白い空間で白い器でお料理をいただくのもまた素敵なのです。

キッチンのカウンター下の戸棚に、ペロションさんのピンクの器、青磁色の器、青い器……と色分けして。

棚は内側も白なので、扉を開け閉めするたびにきれいな器の色が目に入って楽しいのです。

ティーセットはフィレンツェの骨董店で見つけたもの。

つるつるの地肌で、これで飲むと紅茶がおいしい。

火をおこすのにふさわしい場所。

黒いアイアンの五徳だけの
きわめてシンプルな暖炉。
どんな薪が燃えやすいとか、
どうすれば火が絶えずに
燃え続けるか、とか
イタリアでの経験から
火の扱いには慣れました。
肉も野菜もパンも、暖炉で焼いて
オイルと塩で食べるのが
一番おいしい。
火には不思議な魅力があって
ワインを飲みながら、
いくらでも眺めていられます。

野尻湖の家の中でひときわ存在感があるのは、長さ5.3mのキッチンカウンターです。そしてコンクリートの天板の上には調理用の暖炉が。そう、イタリア暮らしで知った、薪でおこす原始的な火です。

今は男性でも火をおこせない人が多いけれど、火は人類が発見した偉大な道具。この美しくも危険な道具のおかげで、素材に火を通して食べることを知り、豊かな食生活を営むようになったのです。

電子レンジなら数分で食べられるものも、薪で焼くとなると、まず薪に点火して火をおこし、ほどよく焼ける熾《お》き火ができるまでに1時間以上かかります。それで、どちらがおいしいかといえば、それはもう比べようがなく後者です。簡便さを取るあまり、私たちが失ったものは大きいのではないでしょうか。本当のおいしさも、本物の美しさも、時間や手間や知恵が育むのです。

山の家の暖炉を囲んで時を過ごすと、みんなの顔がハッピーになります。自然の火には大きな力があります。

ふきのとう摘みは、山暮らしの春の楽しみ。

3月になると、山からの雪解け水が、森の中をちろちろと流れ始めます。下のほうへ降りていくと、林の中の川も雪解け水でかさを増し、いつもよりもゴウゴウと勢いよく流れています。

まだ雪の残る川べりに、ほのかな薄緑色の灯りを見つけたら、しゃがみ込んで指先でやさしく雪を払います。すると、あらわれるのはふきのとう。生まれたての柔らかさを持つこの頃が、ふきのとうみそを作るのに最適です。

山の中のうちの近くにも、陽が当たる斜面の岩肌にぽつりぽつりと、ふきのとうが顔を出します。近所の人が採った跡があって、みんな、少しずつ採っていく。それが山での暗黙のルールのよう。

少しずつ持ち帰ったふきのとうのほろ苦いおいしさで、春の訪れをみんなで分け合う。そんな暮らしが人の幸せだという気がします。

黒姫の仲間と共に開いた「ブルスケッタ祭り」。

パンを炭火で焼いて、にんにくをこすりつけ、フレッシュなオリーブオイルをしたたるほどたっぷりとかけるブルスケッタ。去年の秋、黒姫の道の駅「ふるさと展望館」のお誘いで〝ブルスケッタ祭り〟を開きました。

大量の炭火をおこすために、館長さんが用意してくださったのは、なんとU字溝（排水溝です！）。これがとても具合のよい「コンロ」になるのです。上に網をのせて、地元の新鮮な野菜や、信州みゆき豚のスペアリブをたくさん焼きました。りんごと大根のサラダ、黒豆とベーコンの唐がらし炒め、うちのスタッフ総出で作ったお料理も大好評でした。

地元の方たちの秋の収穫祭に、都会からも大勢の人が参加して、地ビールを飲み、おいしいものを食べて歓談する。食べ物は人と人とをつなぐ強力な道具でもある、と実感した夜でした。楽しかった！

おわりに

飾るものよりも使うものに心が向きます。以前、新聞のコラムで、その人の買うものはその人自身である、という意味合いの文を読んで、ハッとしました。買い物には気をつけよう、と思いました。身の回りを見まわすと、総じて私は飾るものは買っていなく＝持っていなく、使うものしか持っていません。欲しいと思うのは使うものばかり。ちなみに今は、次の購入予定の電気ドリルを物色中です。

もうかれこれ17年も住んでいるイタリアの家は、中世の建築。初めは中世にこだわって、16世紀の家具ばかり集めました。しばらくたつと、なんだか重苦しい雰囲気で気分が晴れない。そこで一部古い家具を残し、戸棚や椅子、ソファはモダンなB&Bのものに変えてみたところ、やっと居心地がよくなりました。食べ物もそうですが、居心地のよさもバランスが大切なのだな、と実感。

使うものはメンテナンスが必要です。使い込むほどに味が出てくる一方、ガタもきますから。長く使うにはクリーニングや直しのきくものを選ぶことも大切です。器や衣類、バッグ、調理道具、そして家に至るまで。自分でできないところはプロの力も借りて、ながーく大切に使い、十分に使いきっていきたいものです。

この本を作るにあたり、多くの方々にお世話になりました。カメラの竹内章雄さん、ライターの白江亜古さん、デザイナーの高橋桂子さん、編集の津川洋子さん、そして関わってくださったすべての皆さま、どうもありがとうございました。

お問い合わせ先

道具・器

P.16～	A　和平フレイズ（ラバーゼ）	新潟県燕市物流センター2-16	☎ 0256-63-9711
P.16～、P.35、P.38、P.56～、P.74、P.84			
	B　shop281	東京都世田谷区玉川田園調布2-8-1	☎ 03-3722-7279
P.28、P.70、P.74～			
	玉川堂	新潟県燕市中央通り2-2-21	☎ 0256-62-2015
P.32～	チェリーテラス	東京都渋谷区猿楽町29-9 ヒルサイドテラスD棟	☎ 03-3770-8728
	サンテミリオン	山梨県中央市流通団地2-5-2	☎ 055-273-1420
	コンエアージャパン	東京都港区南青山1-15-41	☎ 03-5413-8353
	IKESHO	東京都町田市成瀬が丘2-5-10	☎ 042-795-4311
	フィスラージャパン	東京都中央区新川1-2-12	☎ 0570-00-6171
	太田熊雄窯	福岡県朝倉郡東峰村小石原729-4	☎ 0946-74-2037
	C　有次	京都府京都市中京区錦小路通御幸町西入ル	☎ 075-221-1091
	カンダ	新潟県燕市杉柳912	☎ 0256-63-4541
	市原平兵衛商店	京都府京都市下京区堺町通四条下ル小石町118-1	☎ 075-341-3831
	新考社	埼玉県川口市安行原2115	☎ 048-295-2211
	樽富かまた	秋田県能代市末広町4-3	☎ 0185-52-2539
	朝光テープ	愛知県豊橋市瓦町113	☎ 0532-61-7673
P.60	高久敏士	2014年11月30日まではWASALABYにて 12月1日からはshop281(上のB参照)	☎ 03-3717-9191
P.64	ロブマイヤーサロン・ロシナンテ	東京都港区南青山4-11-14	☎ 03-3423-4552
P.74	新越ワークス	東京都千代田区九段南4-3-13	☎ 03-3264-8312
P.100	ディノス	www.dinos.co.jp	
P.103	マキタ	愛知県安城市住吉町3-11-8	☎ 0566-98-1711
P.106	griot.	www.griot-net.com	

食べるもの

P.50～55、P.76			
	B　shop 281	東京都世田谷区玉川田園調布2-8-1	☎ 03-3722-7279
P.44	奥井海生堂	福井県敦賀市金ヶ崎町9-10	☎ 0770-22-0493
	築地魚河岸やっちゃば倶楽部	東京都中央区八重洲2-8-1 日東紡ビルディング6F	☎ 03-6705-1770 ☎ 0800-666-1770（フリーコール）
P.54～	三留商店	神奈川県鎌倉市坂ノ下15-21	☎ 0467-22-0045
	渋谷商店	新潟県新潟市東区紫竹山3-12-1	☎ 025-241-2080
	林合名会社	福島県会津若松市材木町1-9-18	☎ 0242-27-4055
	村山造酢	京都府京都市東山区三条通大橋東3-2	☎ 075-761-3151
	角谷文治郎商店	愛知県碧南市西浜町6-3	☎ 0566-41-0748
	田中農園	tanakanouen-petrin.com	
	ペトラン	茨城県石岡市下青柳547-3 kikusa内（土曜のみ店頭販売）	☎ 080-1353-8585
	石岡鈴木牧場	茨城県石岡市大砂10383-1	☎ 0299-23-1730
	小野田製油所		☎ 03-3953-1688
	脇農園	愛媛県越智郡上島町岩城2920	☎ 0897-75-2081
	登喜和食品	東京都府中市西原町1-10-1	☎ 042-361-3171
P.76	嘉平衛本舗	奈良県吉野郡大淀町中増1561	☎ 0746-32-2147
P.78	ティージュ(TEEJ)	東京都大田区田園調布2-21-17	☎ 03-3721-8803

profile

有元葉子（ありもと　ようこ）

３人の娘を育てるかたわら、創刊まもない
「ＬＥＥ」（集英社）で、
料理家としてのキャリアを歩み始める。
現在は、日本と海外を行き来しながら、
「éclat」(集英社)をはじめ、女性誌を中心に、
料理教室、テレビ、新聞、
商品の企画、開発、企業へのレシピ提供など、
多方面にわたって活躍。
〝家庭料理のよさ、楽しさは、確かな素材を自ら選べること〟と、
理にかなったおいしい料理を提案し続けている。
また、センスのよい、意思のある暮らしぶりに惹かれるファンも多い。
自身の店「shop 281」には、愛用の道具や器、調味料が揃う。
もっと集まってごはんを食べようという提案型レシピ集
『家族と。友人と。みんなで集まる日のごはん』が同時発売。
著書に『決定版253レシピ ようこそ、私のキッチンへ』
『決定版127レシピ おやつの時間にようこそ』
『有元葉子の魚料理』
『暮らしを変えたい！ －衣食住50のヒント－』など。
（すべて小社刊）
www.arimotoyoko.com

撮影／竹内章雄
アートディレクション／藤村雅史
デザイン／高橋桂子（藤村雅史デザイン事務所）
編集協力／白江亜古

大切にしたい モノとコト

発行日　2014年11月10日　第1刷発行
　　　　2015年11月24日　第3刷発行

著者　有元葉子

発行人　田中恵
発行所　株式会社　集英社
　　　　〒101-8050　東京都千代田区一ツ橋2-5-10
電話　（編集部）03-3230-6250
　　　（読者係）03-3230-6080
　　　（販売部）03-3230-6393（書店専用）
印刷所　凸版印刷株式会社
製本所　凸版印刷株式会社

ＩＳＢＮ978-4-08-333139-8　C2077
定価はカバーに表示してあります。